Oliver Lubrich, Thomas Stodulka
Emotionen auf Expeditionen

Edition Kulturwissenschaft | Band 206

Oliver Lubrich ist Vergleichender Literaturwissenschaftler mit einem Schwerpunkt in Reiseliteratur an der Universität Bern. Er ist Herausgeber der Schriften Alexander von Humboldts und Verfasser von Studien über internationale Beobachter in Nazi-Deutschland.
Thomas Stodulka ist Sozial- und Kulturanthropologe mit einem Schwerpunkt in Psychologischer Anthropologie an der Freien Universität Berlin. Er leitete ein Shelter für chronisch kranke Jugendliche in Indonesien und veröffentlichte die Ergebnisse seiner Feldforschung mit Straßenkindern unter dem Titel »Coming of Age on the Streets of Java«.

Oliver Lubrich, Thomas Stodulka

Emotionen auf Expeditionen

Ein Taschenhandbuch für die ethnographische Praxis

[transcript]

Bibliografische Information der Deutschen Nationalbibliothek
Die Deutsche Nationalbibliothek verzeichnet diese Publikation in der Deutschen Nationalbibliografie; detaillierte bibliografische Daten sind im Internet über http://dnb.d-nb.de abrufbar.

Umschlaggestaltung: Maria Arndt, Bielefeld
Umschlagabbildung: Feldforschungstagebuch, © 2018 Thomas Stodulka
Satz: Josephin Schliephacke
Druck: Majuskel Medienproduktion GmbH, Wetzlar
Print-ISBN 978-3-8376-4776-1
PDF-ISBN 978-3-8394-4776-5
https://doi.org/10.14361/9783839447765

Gedruckt auf alterungsbeständigem Papier mit chlorfrei gebleichtem Zellstoff.
Besuchen Sie uns im Internet: *https://www.transcript-verlag.de*
Bitte fordern Sie unser Gesamtverzeichnis und andere Broschüren an unter: *info@transcript-verlag.de*

»I have sometimes obeyed the powerful dictates of my heart, and given voice to my feelings; for, as I do not pretend to be free from the weaknesses common to my fellow-creatures, it was necessary for every reader to know the colour of the glass through which I looked.«

(Georg Forster, 1777[1])

»Our task is to investigate how certain emotions evoked during fieldwork can be used to inform how we understand the situations, people, communities, and interactions comprising the lifeworlds we enter.«

(James Davies, 2010[2])

Dank

Ein interdisziplinäres Projekt ist immer auch ein gemeinschaftliches Projekt. In erster Linie danken wir unserer Co-Leiterin Katja Liebal, ohne deren Kreativität und Engagement das Projekt »Die Affekte der Forscher« nicht möglich gewesen wäre – von der ersten gemeinsamen Idee in Berlin-Dahlem im Jahr 2008 bis heute. Wir danken der Volkswagen Stiftung in Hannover, die uns in unserem nicht ganz konventionellen Vorhaben großzügig unterstützte und konstruktiv begleitete. Dem SFB 1171 Affective Societies (DFG) gebührt ein großes Dankeschön für die finanzielle Unterstützung zur Fertigstellung dieses Buches. Wir danken unserem Team von DoktorandInnen, die ihre Ideen und ihre Energie eingebracht haben, in Berlin und in Bern ebenso wie auf Java und Borneo: Samia Dinkelaker, Julia Keil, Mira Shah und Ferdi Thajib; sowie Johannes Brunnschweiler, Lena Bünger, Florin Cristea, Laura Raveling, Josephin Schliephacke, Lea Ulrich, Siri Weischies, Mariella Wyhnalek und Birgit Zehnder als studentische MitarbeiterInnen. Fermin Suter, Jörg Lehmann und Fabienne Kilchör haben literaturwissenschaftliche, computerphilologische und infographische Beiträge geleistet. James Davies (London) inspirierte und unterstützte uns intellektuell. Emanuel Mathias (Leipzig), Franz von Bodelschwingh (Istanbul) und Muhammad Fadli (Jakarta) begleiteten uns künstlerisch. Nina Peter danken wir für ihre kritische Lektüre des Manuskripts. Der Austausch mit vielen KollegInnen war überaus wertvoll: insbesondere mit Christine Knoop, Matthias Lorenz und Christian von

Scheve. Und nicht zuletzt stehen wir in der Schuld der 30 Ethnographen, die sich als ›InformantInnen‹ zur Verfügung gestellt haben und deren Namen wir ebenfalls gerne nennen möchten: Anna-Lena Wolf, Anna-Maria Walter, Annika Strauss, Ben Hegarty, Carolin Maevis, Clarissa Beckert, Ferdiansyah Thajib, Georg Winterberger, Gerda Kuiper, Janina Dannenberg, Johanna Fuchs, Julia Rehsmann, Justus Weiss, Karin Pfister, Katharina Müller, Kelsie Prabawa-Sear, Manon Diederich, Marina Della Rocca, Matthias Hagen, Mechthild von Vacano, Miriam Badoux, Mirjam Lücking, Nasima Selim, Natashe Lemos Dekker, Patrick Keilbart, Stefanie Kicherer, Samia Dinkelaker, Sara ten Brinke, Sigrid Schiesser und Veronika Siegl.

Oliver Lubrich & Thomas Stodulka,
Bern/Berlin, April 2019

Inhalt

Einleitung

Gefühle beeinflussen unser Verhalten überall – auch in der Wissenschaft. Sogar ein Labor, ein Anatomiesaal oder ein Oberseminar sind Schauplätze von Emotionen. Aber bei Forschern sind Affekte suspekt.[1] Sie werden als Störungen betrachtet, die eine objektive Arbeit gefährden. Allenfalls gelten sie als Randphänomen, das nur von anekdotischem, biographischem oder künstlerischem Interesse sein kann. Die meisten Disziplinen haben sie aus ihrem Diskurs ausgeschlossen.[2] Dabei beeinflussen sie zwangsläufig den Forschungsprozess – von der Wahl des Gegenstands über die Erfahrung des Beobachters und die Gewinnung von Daten bis zur Deutung der Ergebnisse und zur öffentlichen Vermittlung. Ihre kritische Analyse sollte deshalb ein Bestandteil wissenschaftlicher Tätigkeit sein. Anstatt sie als Störfaktor auszublenden oder als *Esotericum* abzutun, sind sie transparent und produktiv zu machen.

Insbesondere die Feldforschung, die existentielle Herausforderungen mit sich bringt, löst regelmäßig emotionale Reaktionen aus, welche die Beobachtung bedingen, das Verständnis beeinflussen und die Theoriebildung lenken. Sie kann für Emotionen in der Wissenschaft als Paradigma dienen.[3] Denn sie eignet sich für die Untersuchung der Emotionen besonders, weil nur sie ein umfangreiches Corpus von Selbstaussagen hervorgebracht hat: Notizen, Tagebücher, Berichte, Memoiren und andere Zeugnisse, die es erlauben, Forscher-Emotionen sowohl im Text wie auch in der Empirie zu betrachten. Mit Hilfe solcher Dokumente kann der Einfluss der Affekte auf Forscherinnen oder Forscher nicht nur während des Aufenthalts im Feld, bei der Produktion und Dokumentation der Daten, sondern auch auf die anschließenden Auswertungs-, Interpretations- und Schreibprozesse, d. h. bei der Analyse und Präsentation der Daten, in den Blick genommen werden.[4]

Interdisziplinär können wir verschiedene Arten von Feldaufenthalten miteinander vergleichen, die sich historisch als ›Expeditionen‹ verstehen ließen: die Arbeit von Forschungsreisenden oder Reiseschriftstellern, von Ethnologen und von Freilandprimatologinnen, die sich mit fernen Regionen oder zunächst fremden Menschen und anderen Arten beschäftigen. Indem wir diese Varianten der Feldforschung und der Fremderfahrung zusammenführen, können wir Material, Methoden und Theorien der Geistes-, Sozial- und Naturwissenschaften fächerübergreifend fruchtbar machen.

Der Fokus auf die affektive Dimension akademischer Wissensproduktion verspricht ein besseres Verständnis von Emotionen im inter*disziplinären*, im inter*kulturellen* und im inter-*species*-Vergleich[5]. Werden sie als Bedingung und Faktoren des Erkenntnisgewinns anerkannt, können Emotionen den Forschungsprozess befördern, anstatt ihn zu behindern oder zu vernebeln. Indem wir die Affekte der Forscher erforschen, können wir deren Interessen und Fragen, Motive und Tabus, Idiosynkrasien und Wertungen, Stile und Schreibstrategien besser verstehen, kritischer einschätzen und ihnen für die Reflexion ihrer eigenen Forschung zugänglich machen.

Die Grundlage des vorliegenden Taschenhandbuchs ist das interdisziplinäre Projekt »Die Affekte der Forscher«, das 2013 bis 2018 in Deutschland, der Schweiz und Indonesien durchgeführt wurde. Es verbindet drei Fächer (Literaturwissenschaft, Sozial- und Kulturanthropologie sowie Evolutionsbiologie) und vergleicht drei Genres (Reiseliteratur, Ethnographie und Primatographie). Die leitende Fragestellung lautete: Welche Rolle spielen Emotionen in der Wissenschaft? Wie beeinflussen sie insbesondere die Feldforschung, d. h. die Auseinandersetzung mit zunächst fremden Kulturen oder anderen Arten? Und wie können sie nicht nur passiv erlebt, sondern aktiv erfasst und epistemisch genutzt werden? Die methodologischen Ergebnisse dieses Projekts werden hier vorgelegt.[6]

Aber Emotionen sind elusiv – sowohl theoretisch wie auch methodisch. Es konkurrieren zahlreiche Ansätze ihrer Konzeptualisierung: von Taxonomien mit unterschiedlich vielen Basis-Emotionen (Ekel, Ärger, Angst etc.)[7] über Prozesse mit aufeinander folgenden Komponenten (körperliche Wahrnehmung, kognitive Einschätzung, resultierende Handlungstendenz etc.)[8] bis zu Dimensionierungen entlang skalierter Werte der Intensität (*arousal*) sowie der positiven oder negativen Empfindung (*valence*)[9]. Sie scheinen sich dem Bewusstsein des Subjekts und dem Zugriff der Wissenschaft zu entziehen. Messungen sind ungenau, Selbstauskünfte trügerisch, schriftliche Zeugnisse komplex.

Wie können wir Affekte und Emotionen der Forscher, wie sie im Feld und beim Schreiben zur Geltung kommen, dennoch identifizieren und systematisch betrachten? Wie können wir das subjektive Erleben von Emotionen und ihre Bedeutung in Texten untersuchen? Welche Verfahren eignen sich für ethnologische Zeugnisse, primatologische Beobachtungen und reiseliterarische Schriften? Das Ziel des vorliegenden Taschenhandbuchs ist, eine Reihe methodischer Ansätze vorzustellen und in ihrem jeweiligen Potenzial, aber auch in ihren Begrenzungen einzuschätzen, um Feldforschern verschiedene Möglichkeiten anzubieten, eigene und fremde Feldaffekte bewusst zu machen und in ihrer Forschungspraxis zu berücksichtigen.

Wir fokussieren die Emotionen von Feldforschern auf zwei Ebenen: im Feld und im Text. Diese Zweiteilung strukturiert den Hauptteil dieses Taschenhandbuches. Am Schluss werden wir diese analytische Trennung dann aufheben und Perspektiven für das Forschen ebenso wie für das Schreiben vorschlagen. Denn empirische Feldforschung beinhaltet immer die Dokumentation des Erlebten und Beobachteten, und die Repräsentation von Feldforschungen basiert immer auf sozial- und kulturwissenschaftlicher Empirie.

Die Emotionen der Feldforscher, im Feld wie im Text, können wir in zwei Hinsichten betrachten: typologisch und sequenziell. Sie lassen sich einerseits klassifizieren und andererseits verzeitlichen.

1. Typologie: Die Emotionen, die ein Reisender, ein Ethnologe oder eine Primatologin erfährt, müssen zunächst empirisch erfasst werden. Bereits dies erweist sich als methodisch herausfordernd. In der Folge ist zu untersuchen, wie sie im Feld oder in Texten *jede für sich* diagnostiziert werden können und was sie jeweils bedeuten, d. h. welche physischen, psychischen, kognitiven, ideologischen und politischen Implikationen sie haben. Des Weiteren fragt sich, inwiefern sie kulturell codiert sind und wie sie zu historisieren sind.

2. Sequenz: Darüber hinaus sind die verschiedenen Emotionen oder Emotionsepisoden zueinander ins Verhältnis zu setzen. Die Affekte der Fremderfahrung – bei Begegnungen mit anfänglich fremden Kulturen oder mit einer anderen Art – können in ihrer Abfolge ermittelt werden, um herauszufinden, inwiefern sie regelmäßigen Dynamiken entsprechen, die bei der Auswertung der gewonnenen Daten zu berücksichtigen sind. Welche Veränderungen finden *im Verlauf* eines Feldaufenthalts statt? Lassen sich prototypische oder überindividuelle Sequenzen modellieren, die zu einem besseren Verständnis der Emotionen im Feld beitragen und so dem wissenschaftlichen Nachwuchs in der Methodenausbildung zur Verfügung gestellt werden können?

Aus der Typologisierung und Sequenzialisierung der Affekte von Forschern in Feldsituationen können – als Affekt*semiotik* und Affekt*szenarien* – Modelle abgeleitet werden. Diese Modelle wiederum können statistisch belegt und graphisch dargestellt werden. In der Betrachtung konkreter Fallbeispiele bewahren die Affekte oder Emotionen (qualitativ) ihren individuellen Charakter. In der Auswertung größerer Gruppen von Fällen werden sie (quantitativ) verallgemeinerbar, was verschiedene Forschungsbedingungen (etwa im Labor, in Experimenten oder in teilnehmender Beobachtung) und Wissensformen (z. B. Medizin, Biologie oder Hirnforschung) vergleichbar macht. Es geht also durchaus um eine ›dichte Beschreibung‹ individueller Erfahrungen und Texte, aber nicht um eine psychoanalytische Einzelfallbetrachtung von Persönlichkeiten, sondern letztlich um die Frage nach der affektiven Typikalität von Forschungssituationen und -verläufen.[10]

Was wäre, wenn wir – in einigen Jahren – ausgereifte Möglichkeiten besäßen, jederzeit genaue Informationen über die eigenen Affekte zu erhalten? Wie würden diese Informationen unsere Arbeit als Wissenschaftler im Feld, im Labor oder am Schreibtisch beeinflussen? Und wie würden sie unser Verständnis der Wissenschaft verändern? Ausgehend von dieser heuristischen Maximal-Vision vollständiger Affekttransparenz und unter Berücksichtigung der aktuell verfügbaren imperfekten Verfahren, können wir eine interdisziplinäre Methodik entwerfen und weiterdenken. Indem wir Ansätze verschiedener Disziplinen zusammenführen und eine Reihe erprobter wie auch neu entwickelter oder zu entwickelnder Methoden nutzen, können wir Emotionen im Feld und im Text möglichst systematisch zu erfassen und genau zu beschreiben versuchen.

Der Blick der Empiriker auf fremde Kulturen und Lebenswelten oder andere Arten trifft sich dabei mit dem des Philologen auf historische und aktuelle Zeugnisse. Die Sozial- und Kulturanthropologie und die Primatologie können von der analytischen Präzision der Literaturwissenschaft profitieren, während diese von der empirischen Expertise der Vergleichenden Psychologie lernen und die Sozial- und Kulturanthropologie in ihrer Mittelstellung zwischen Erfahrung im Feld und Produktion von Text einen Methoden-Transfer aus beiden und in beide Richtungen vornehmen kann.

Wir wenden uns zunächst den Emotionen im Feld zu: Welche Emotionen treten während einer Feldforschung auf? Welche typischen Verläufe können sie nehmen? Welche Rolle spielen die Emotionen eines Feldforschers in ihrer Wertigkeit und in ihrer Intensität bei der Datenerhebung? (Etwa indem sie Vorannahmen bestimmen, die Aufmerksamkeit lenken, die Wahrnehmung filtern und in Bewertungen eingehen.) Welches kulturelle Affekt*wissen* und welche disziplinären Affekt*muster* bedingen das Erleben im Feld? Welchen Einfluss haben die im Feld erfahrenen Emotionen auf die Darstellung und Vermittlung der unternommenen Forschung? Und welche Rolle können sie für eine bewusste Schreibpraxis spielen.

Erster Teil: Emotionen im Feld

Angst, wenn sich Feldforscher physischen Gefahren aussetzen; Wut, wenn sie das Gefühl haben, belogen, benutzt und ausgebeutet zu werden; Trauer, wenn Informanten, die zu Freunden wurden, erkranken und sterben; Unsicherheit, wenn sie nicht wissen, ob sie sich richtig verhalten, ob sie im Namen derer, mit denen sie forschen, angemessene persönliche und wissenschaftliche Entscheidungen treffen; Bewunderung, wenn sie die Kreativität ihrer Protagonisten im Umgang mit Widrigkeiten erleben; Freude, Glück und Stolz, wenn sie sich von ihren Gastgebern akzeptiert fühlen – welche Emotionen auch immer in der Feldforschung auftreten, die Ethnographie ist ein empathischer Versuch, ›Andere‹ zu verstehen und ihre Lebenswelten in Wort, Schrift und Bild möglichst nachvollziehbar zu erklären.

Sozial- und KulturanthropologInnen haben die Relationalität sozialwissenschaftlicher Forschung, die in der Begegnung zwischen Forschern und Erforschten entsteht, eindringlich beschrieben.[1] Nur selten jedoch wurde bislang zum Ausdruck gebracht, dass Ethnographie neben anspruchsvoller methodischer Feldforschung und theoretischer Analyse nicht nur eine diskursive und politische Begegnung unterschiedlicher Subjekte, sondern auch, vielleicht in erster Linie sogar, ein emotionales Erleben zwischen Menschen ist, das erst *post factum* in das Regelwerk disziplinärer Konventionen übersetzt wird. Wissenschaftliche Daten entstehen, wie Vincent Crapanzano und Michael Jackson deutlich gemacht haben, erst in der sozialen Interaktion[2]. Dieses Verständnis widerspricht der weitläufigen, im Kern positivistischen Annahme, Daten bestünden als beobacht- und erfragbare soziale oder kulturelle Phänomene *für sich* und könnten vom Wissenschaftler lediglich ›kalt‹ erhoben werden. Die affektive Dimension der Wissensproduktion im Feld anzuerkennen, bedeutet in letzter Konsequenz, dass der Ethnograph und seine Emotionen weder im Feld noch in der Darstellung seiner Befunde unsichtbar bleiben darf.

Die folgende Anordnung der methodischen Zugänge zu Emotionen im Feld kann als Reise durch eine idealtypische Feldforschung verstanden werden, als Exploration, bei der wir nach dem sozial- und kulturanthropologischen Ideal eines ›Trichters‹[3] vom Allgemeinen und Offensichtlichen zum Besonderen und Verborgenen vorgehen. Der methodische Überblick beginnt – wie viele Feldforschungen selbst – mit einer Expertenbefragung, die der Feldforschung vorangestellt eine erste Orientierung im Dickicht der Forscheremotionen verschaffen soll. Es folgen weitere Methoden empirischer Erhebung: verschiedene Fragebögen zu grundsätzlichen Persönlichkeits- und Affektdispositionen, eine Vokabular-Aufgabe (›Wörter Sortieren und Wörterlisten‹), ein Emotionstagebuch, Feld-Interviews, ein methodologischer Vorschlag zur Integration der Emotionen von Forschern in die Analyse und Repräsentation der Forschung (›Empirische Affektmontage‹), interdisziplinäre Workshops im Feld (›Ethnolab‹) und schließlich eine künstlerische Intervention und Kollaboration in Form eines experimentellen Dokumentarfilms.

1 Experten-Gespräche

Wie berichtet man von einem Genozid, der sich vor den eigenen Augen abspielt? Was treibt einen Vater dazu, als Beobachter im Kriegsgebiet sein Leben aufs Spiel zu setzen? Wie verarbeiten Forscher die Geschichten alter Männer, die damit prahlen, Tausende von Menschen erdrosselt und deren Blut getrunken zu haben? Wie verhandelt ein Wissenschaftler Abscheu oder Begeisterung für Menschen und Kulturen, über die er als teilnehmender Beobachter nüchtern zu schreiben hat? Zu diesen und weiteren Fragen können felderfahrene Wissenschaftler, Schriftsteller, Journalisten und Filmemacher Auskunft geben. Sie sprechen über eine Dimension ihrer Arbeit, die für die Öffentlichkeit normalerweise verborgen bleibt. Anhand eines individualisierten Fragenkatalogs haben wir Interviews geführt und im Gesprächsband *Emotionen im Feld* zusammengestellt.[1] Interviewt wurden Personen des öffentlichen Interesses (die Primatologin Jane Goodall, der Filmemacher Joshua Oppenheimer, der Ethnograph und Reiseautor Nigel Barley), Grenzgänger, die für eine Faszination am Fremden und Gefährlichen stehen (der Krisenberichterstatter Hans Christoph Buch, der Reiseschriftsteller Raoul Schrott oder der Ethnologe und Romancier Michael Roes), sowie Wissenschaftler (die Sozial- und KulturanthropologInnen Birgitt Röttger-Rössler und Roderick Galam oder der Primatologe Volker Sommer), die, während sie die Emotionen anderer erforschen, ihre eigenen (eigentlich) ausblenden (müssten). Die Gespräche beschreiben das Problemfeld, indem sie die Bedeutung der Emotionen in der Erzeugung und Vermittlung von Wissen an konkreten Erfahrungen beleuchten und an Fallbeispielen nachvollziehbar machen. Die Erfahrungen, die von den Gesprächspartnern retrospektiv mitgeteilt und reflektiert wurden, ergeben ein Kaleidoskop, das die Vielfalt der Forscheremotionen exemplarisch anschaulich macht.

Abbildung 1: Interviews im Feld

2 Fragebögen

Wie können Emotionen, die in der Feldforschung alltäglich auftreten, nicht erst retrospektiv, sondern bereits *in situ* erfasst und transparent gemacht werden? Diese Fragestellung kann nur in Zusammenarbeit *mit* Forschern, *über* die wir forschen, verfolgt werden. Mit einem Email-Aufruf luden wir an deutschsprachigen Instituten tätige Nachwuchsethnographen ein, an einer empirischen Metastudie teilzunehmen, worauf sich dreißig Wissenschaftler bereit erklärten, ihrerseits zu Informanten zu werden. Diese Gruppe kooperierender Feldforscher, deren Emotionen *im Feld* erhoben wurden, umfasste überwiegend Ethnologen, die weltweit in unterschiedlichen kulturellen Kontexten im Rahmen ihrer Promotionsforschungen arbeiteten.[1] Um ihre Emotionen bereits während der Datenerhebung aufzuzeichnen und in verschiedenen Phasen der Feldforschung analysier- und visualisierbar zu machen, wurden mehrere Werkzeuge entwickelt und eingesetzt. Denn ein *mixed methods*-Modell, das die Stärken qualitativer wie quantitativer Methoden nutzt, um ihre jeweiligen Schwächen zu minimieren, wird der Vielschichtigkeit menschlicher Emotionen gerechter als monodisziplinäre Verfahren jeweils für sich. Die Forscher-Emotionen wurden auf diese Weise mehrschichtig dokumentiert. Zum Einsatz kamen insbesondere drei Arten von Fragebögen: zu Persönlichkeitsmerkmalen, zur Empathiefähigkeit und zu Affektdispositionen.

2.1 PERSÖNLICHKEIT

Der international gebräuchliche Persönlichkeitsfragebogen NEO-FFI (NEO-Fünf-Faktoren-Inventar)[2] ist ein auf fünf Faktoren, den sogenannten »Big Five« (Offenheit für Erfahrungen, Gewissenhaftigkeit, Extraversion, soziale Verträglichkeit, Neurotizismus), basierendes Persönlichkeitsinventar, das sich durch Reliabilität und Validität sowie schnelle Bearbeitbarkeit auszeichnet. Die Verwendung eines standardisierten Fragebogens während der Feldforschung verspricht quantifizierbare Aussagen zum Einfluss der Persönlichkeitsstruktur des Forschers auf seine Datengewinnung im Feld. Dieser Ansatz geht über hermeneutische Verfahren hinaus und ermöglicht quantifizierbare Typologien. Lässt sich empirisch belegen, dass im Feld forschende Persönlichkeiten durch den fortwährenden und intensiven Kontakt mit ihren Gastfamilien, Informanten, Interview- und Gesprächspartnern und die fehlenden Rückzugsmöglichkeiten in eine geschützte Privatsphäre generell offen gegenüber neuen Erfahrungen, neugierig und erfinderisch sein müssen[3]? Zeichnen sie sich durch eine hohe ›soziale Verträglichkeit‹ aus? Sind sie durch ihr Forschungspostulat, die emische Perspektive der von ihnen Beobachteten und Befragten einzunehmen, von ihrer Persönlichkeitsstruktur her besonders kooperativ, freundlich und mitfühlend? Kann eine empirisch gestützte psychometrische Analyse bestimmte Forscher davor schützen, sich emotionalen Grenzerfahrungen auszusetzen und dazu bewegen, anstelle von Feldforschung eher archivarisch oder theoretisch zu arbeiten? Diese psychometrischen Daten können an Aussagekraft gewinnen, wenn sie mit denjenigen einer anderen Forschergruppe (aus einer anderen Disziplin) verglichen werden und wenn sie um qualitative Datendimensionen (z. B. Emotionstagebücher und Interviews) ergänzt werden.

2.2 EMPATHIE

Der Empathie-Fragebogen SPF (*Saarbrücker Persönlichkeitsfragebogen*)[4] basiert auf dem englischsprachigen IRI (*Interpersonal Reactivity Index*)[5]. Er erlaubt das Erfassen von vier Formen der Empathie: Perspektiv-Übernahme (die Neigung, eine Situation auch aus der Sicht Anderer zu sehen), Fantasie (die Neigung, sich mit Gefühlen der Charaktere aus einem Buch, Film oder Theaterstück zu identifizieren), empathische Besorgnis (die Neigung, sich um die Gefühle und Bedürfnisse anderer zu sorgen) und persönlicher Stress (die Neigung, in schwierigen sozialen Situationen Unwohlsein zu empfinden). Er kann zur Beantwortung der Frage herangezogen werden, in welchem Zusammenhang Art und Intensität der im Feld erlebten Emotionen mit der Empathiefähigkeit der Forscher stehen. Können sich Feldforscher überdurchschnittlich in andere Menschen einfühlen und deren Perspektive übernehmen? Welche Formen der Empathie sind bei ihnen besonders ausgeprägt? Können diese methodisch eingesetzt oder unterstützt werden? Können Forscher, die sich durch erhöhte empathische Besorgnis und eine Anfälligkeit für persönlichen Stress auszeichnen, dazu angeleitet werden, mit ihren empathischen Fähigkeiten psychologisch nachhaltiger umzugehen? Während klassische Sozial- und KulturanthropologInnen argumentieren, Empathie sei kulturgebunden und in der interkulturellen Begegnung zwischen Forschern und Erforschten als Wissenszugang auszuschließen,[6] wäre empirisch zu überprüfen, ob sie im Gegenteil nicht nur ein Hindernis (als subjektive Projektion), sondern auch eine transparent zu machende Methode empirischer Datengewinnung sein kann.[7]

2.3 POSITIVE UND NEGATIVE AFFEKTDISPOSITION

Ein *Self-Evaluation Check* nach dem Vorbild der *Positive and Negative Affect Schedule* (PANAS)[8] dient der regelmäßigen Selbstbeobachtung.

Wir haben ihn als Teil eines eigens entwickelten ›Emotionstagebuchs‹ (siehe Kapitel 4) eingesetzt. Auf einer Skala von 0 bis 4 haben die 30 teilnehmenden Feldforscher regelmäßig die subjektiv wahrgenommene Intensität für 20 Emotionsbegriffe (interessiert, bedrückt, freudig erregt, verärgert, stark, schuldig, verängstigt, feindselig, begeistert, stolz, reizbar, hellwach, beschämt, angeregt, nervös, entschlossen, aufmerksam, unruhig, aktiv, ängstlich) registriert. Eine statistische Analyse dieser Daten kann Auskunft darüber geben, wie sich positive und negative Affektverläufe über den Zeitraum einer Feldforschung verändern. Zudem lässt sich die Häufigkeit und Intensität bestimmter Emotionen statistisch abbilden. Um eine Vergleichbarkeit dieser Befunde mit durchschnittlichen Affektskalen zu gewährleisten, haben wir uns für einen international validierten Fragebogen entschieden. So ermöglicht dieses *tool* in einem weiteren Schritt, Wissenschaftler anderer Disziplinen bezüglich ihrer affektiven Disposition und Beziehung zu ihren Protagonisten oder Gegenständen empirisch-quantitativ zu untersuchen und miteinander zu vergleichen. Gemeinsam mit den Persönlichkeits- und Empathie-Fragebögen und den Narrativen und Selbstaussagen aus den Emotionstagebüchern (siehe Kapitel 4) und den Feld-Interviews (siehe Kapitel 5) können diese quantitativen Daten dazu beitragen, Typologien und Sequenzen von Emotionen im Feld zu modellieren. Auch wenn die Fragebögen von einigen der teilnehmenden Ethnographen in anschließenden Feedback-Sessions – nachvollziehbarerweise – als ›verkürzend‹, ›manipulativ‹ oder ›szientistisch‹ beschrieben wurden[9], unterstützen die aus ihnen gewonnenen quantitativen Daten die Modellierung von Typologien und Sequenzen in unseren Analysen.

Abbildung 2: Self-Evaluation Check

Fragebogen

Datum: 21.3.16 Uhrzeit: 7^{45}

Dieser Fragebogen besteht aus Begriffen, die unterschiedliche Gefühle und Emotionen beschreiben. Lese jeden Begriff und kreuze das Kästchen an, das am besten beschreibt wie Du Dich heute fühlst.

	Sehr wenig oder überhaupt nicht	Ein wenig	Mittelmäßig	Ziemlich stark	Sehr stark
Interessiert	☐	☐	☐	☒	☐
Bedrückt	☒	☐	☐	☐	☐
Freudig erregt	☐	☐	☐	☐	☒
Verärgert	☒	☐	☐	☐	☐
Stark	☐	☐	☐	☒	☐
Schuldig	☒	☐	☐	☐	☐
Verängstigt	☒	☐	☐	☐	☐
Feindselig	☒	☐	☐	☐	☐
Begeistert	☐	☐	☐	☐	☒
Stolz	☐	☐	☒	☐	☐
Reizbar	☒	☐	☐	☐	☐
Hellwach	☐	☐	☐	☐	☒
Beschämt	☒	☐	☐	☐	☐
Angeregt	☐	☐	☐	☒	☐
Nervös	☒	☐	☐	☐	☐
Entschlossen	☐	☐	☒	☐	☐
Aufmerksam	☐	☐	☐	☒	☐
Unruhig	☐	☒	☐	☐	☐
Aktiv	☐	☐	☐	☒	☐
Ängstlich	☒	☐	☐	☐	☐

Abbildung 3: Graphen zur Modellierung affektiver Verläufe (rot: negative Emotion; grün: positive Emotion) zweier Feldforscher (FT und GW) auf der Basis des Self-Evaluation Checks (Affektskala)

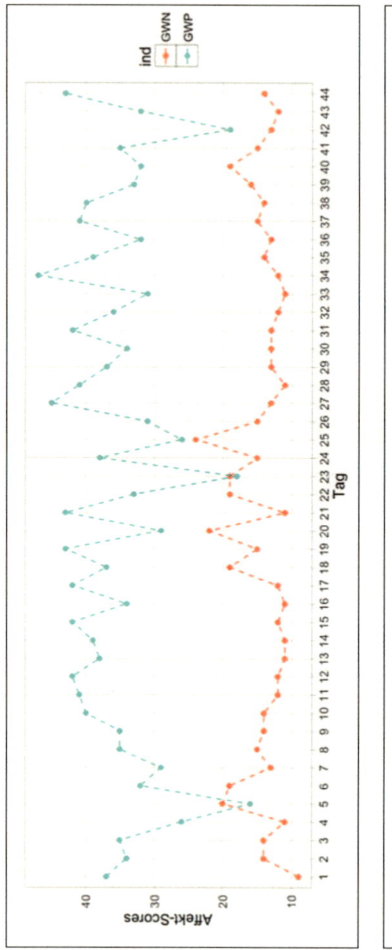

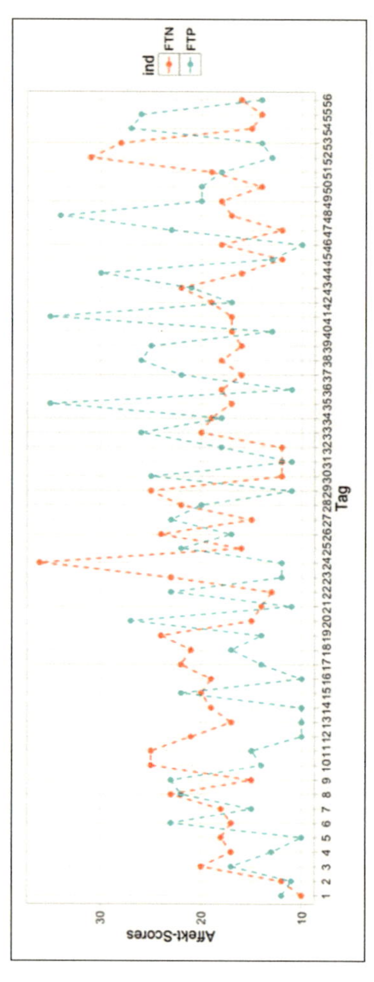

3 Wörter Sortieren und Wortlisten

In einer methodischen Erweiterung des *Self-Evaluation Check* ordneten die teilnehmenden Ethnographen gegen Ende ihrer mehrmonatigen Feldforschungen die 20 Emotionswörter aus der Affektskala (PANAS) retrospektiv entweder *in situ* per *pile sorting* oder online als Wörterliste nach subjektiv erfahrener Häufigkeit. Die subjektiven narrativen Beschreibungen der *in situ pile sortings* (Abbildung 4), wurden in einer Gesprächssituation per Audiorecorder dokumentiert. Diese informellen Interviews dauerten zwischen 30 und 60 Minuten und wurden anschließend transkribiert. Feldforschern, die aufgrund der geographischen Distanz nicht im direkten Gespräch interviewt werden konnten, schickten wir die Emotionswörter-Listen per Email und baten sie, diese anhand von zwei Fragen zu kommentieren (Abbildung 5). Die befragten ForscherInnen ergänzten dabei Emotionswörter, die nicht in der Skala erwähnt wurden. Darüber hinaus erstellten sie individuelle Verlaufsmodelle ihrer Feldforschungen und schrieben den Phasen jeweils charakteristische Emotionswörter zu.

Die manuelle Analyse ergab überindividuelle Überschneidungen in der Zuschreibung bestimmter Emotionswörter zu bestimmten Feldphasen. Diese lassen sich wie folgt zusammenfassen:

1. Vorbereitung (Begeisterung, Nervosität, Skepsis)
2. Einstieg (Interesse, Freude, Unruhe, Überforderung, Ungeduld, Reizbarkeit)

3. Integration (Aktivität, Sorglosigkeit, Anregung)
4. Hyperaktivierung (Euphorie, Verliebtsein, Stärke)
5. Blues (Schuld, Scham, Bedrückung, Verärgerung, Feindseligkeit, Ekel)
6. Endspurt (Wachheit, Entschlossenheit, Aufmerksamkeit, Dankbarkeit, Stolz)
7. Rückkehr (Erleichterung, Freude, Stolz, Trauer, Reue, Müdigkeit, Ohnmacht)
8. Integration (Schuld, Begeisterung, Aktivität)

Die *pile sorting* Methode wird überwiegend in der Kognitionsethnologie angewendet, um so genannte ›kulturelle Domänen‹, d.h. den Zusammenhang zwischen menschlichen Denkprozessen, Weltsichten und Gefühlen im Kontext sensibler oder tabuisierter Themen zu erforschen.[1] Angesichts der Skepsis vieler ethnographisch und literaturwissenschaftlich Forschender gegenüber quantitativen Methoden plädieren wir für eine Aufgeschlossenheit für methodische Vielfalt. Wir sind uns bewusst, dass quantitative Daten erst in Kombination mit narrativen Analysen von Tagebucheinträgen (siehe Kapitel 4) und Interviewsequenzen (siehe Kapitel 5) eine dichte Beschreibung affektiver Dimensionen empirischer Feldforschung gewährleisten. Von vornherein ausschließen möchten wir eine bestimmte Methodik aus prinzipiellen Vorbehalten jedoch nicht.

Abbildung 4: Experiment in situ: pile sorting mit einer englischsprachigen Informantin (in Yogyakarta, Indonesien)

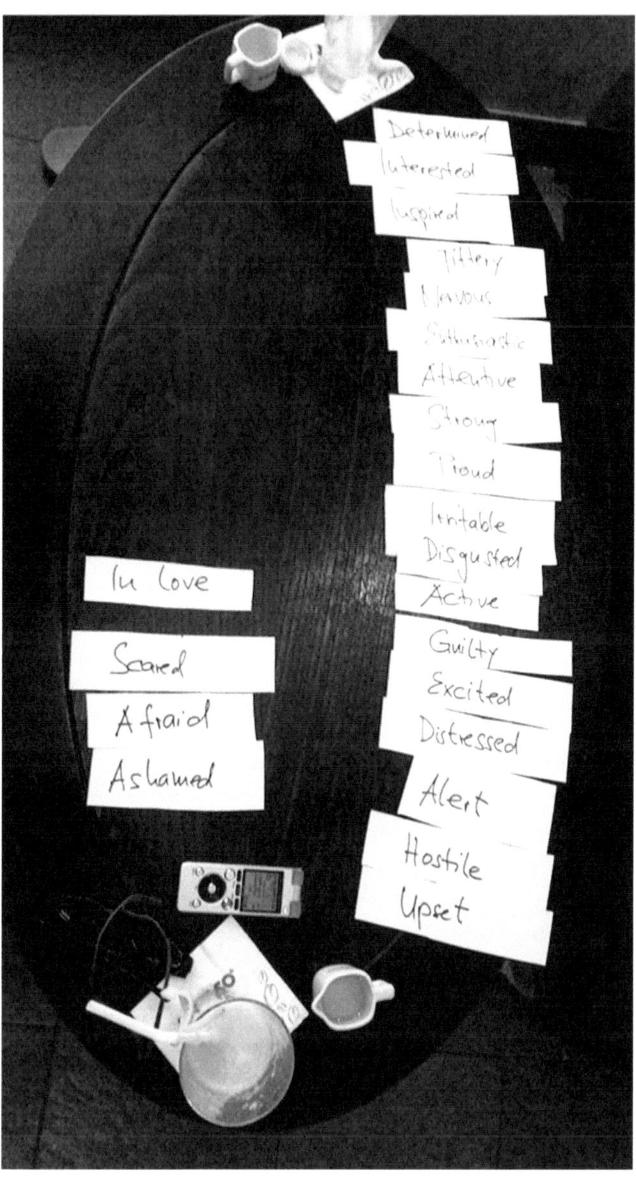

Abbildung 5: Online Wörter-Liste und Beschreibungen von Feldforschungsphasen und deren affektiver Dimension

Wörter-Liste und Phasen-Beschreibung

1. *Kannst Du die Emotionswörter nach der Häufigkeit, wie sie Dir während Deiner Feldforschung begegnen, ordnen? Und kannst Du kurz beschreiben, warum/wann/gegenüber wem Du diese Gefühle hast?*

Angeregt/Interessiert

bin ich gegenüber den neuen Seiten, die ich von X. während meinem Feldaufenthalt kennenlerne, gegenüber den Menschen, die mir hier begegnen, gegenüber den aktuellen Geschehnissen in X., gegenüber dem, wie ich mein Erlebtes und Gelerntes in die Welt der Wissenschaft zurückübersetzen kann.

Freudig erregt/Begeistert

bin ich über die unglaubliche Chance, dass mir die XY-Stiftung Geld dafür gibt, dass ich forschen, lesen, schreiben und lernen darf; und freudig erregt über ein tieferes Verständnis von X. und ein besseres Verständnis der spezifischen und globalen Zusammenhänge; freudig erregt auch über sehr viele schöne und bewegende Begegnungen; begeistert bin ich auch immer wieder von der Forschungsmethode der Feldforschung.

➔ Hier könnte ich auch noch **glücklich** und **zufrieden** hinzufügen.

Hellwach/Aktiv/Stark/Entschlossen

bin ich häufig gleich nach dem Aufstehen, weil ich mich auf den neuen Tag freue.

Aufmerksam

bin ich gegenüber meinen Mitmenschen und den Geschehnissen vor Ort; auch beim Lesen oder Schreiben.

Verängstigt/Ängstlich

bin ich, wenn ich spät alleine nach Hause komme in X.; wenn ich alleine reise, v. a. mit dem Übernachtzug oder -bus; wenn ich alleine in abgelegene Gegenden reise; war ich teilweise über die politischen Wendungen in X. nach der letzten Wahl; war ich besonders, als meine Datenkarte in X. gestohlen wurde und mein Handy abgestellt wurde.

Erschöpft (würde ich noch hinzufügen)

bin ich nach einem langen Arbeitstag, nach langen Interviews, nach vollgepackten Tagen im Feld; und wenn ich krank bin.

Verärgert

bin ich häufig, wenn ich Zeitung lese, weil ich nicht glauben kann, welche – v.a. nationalistischen – Meinungen in X. gerade Akzeptanz finden; manchmal ärgere ich mich auch, wenn jemand versucht, mich zu betrügen, aber ich versuche auch, Verständnis dafür aufzubringen.

Bedrückt/Schuldig/Beschämt

fühle ich mich bei der Arbeit mit Menschen aus einfachen sozio-ökonomischen Verhältnissen und dem alltäglichen Anblick von Armut in X., weil ich es unfair finde, dass ich so privilegiert bin, nur weil ich in andere Umstände hineingeboren bin, und schuldig fühle ich mich auch, weil ich der Auffassung bin, dass ich mit meinem Leben, Lebensstil, Konsumverhalten aktiv an der Ausbeutung der Menschen teilnehme/aktiv dazu beitrage und ich keine Lösung dafür habe, wie ich das ändern kann oder wie ich die Welt verändern kann.

Heimweh/Einsamkeit

könnte ich auch hinzufügen, weil ich meine Familie und viele Freunde/-innen für ein Jahr nicht sehen kann und der Neubeginn in einer neuen Stadt manchmal eine Weile dauert, d. h. das Knüpfen enger und vertrauter zwischenmenschlicher Beziehungen.

Angeekelt

bin ich von der Konfrontation mit sexualisierter Gewalt in X.

Stolz

bin ich, wenn ich etwas »geschafft« habe, einen Text geschrieben, eine Arbeit fertig gestellt, wenn ein Paper bei einer Konferenz angenommen wird o.ä.

Reizbar

bin ich manchmal, wenn ich überarbeitet bin.

Nervös/Unruhig

bin ich selten; manchmal vor Interviews; manchmal vor dem Einschlafen, wenn ich zu viel/lange gearbeitet habe.

Feindselig

ist ein Gefühl, das mir eher fern liegt – so auch hier im Feld.

Verliebt

war/bin ich nicht während dieser Forschung.

2. *Wenn Du Deine Feldforschung in Phasen einteilen würdest, wie viele wären es? Und kannst Du ihnen bestimmte Emotionswörter zuordnen?*

Meine Ankunft in X. war Mitte August.

1. Die erste Phase von Mitte August bis Mitte September war eine Phase des Organisierens meines Lebens vor Ort (Einschreiben an der Universität, Anmeldung beim Foreign Registration Büro, Wohnung einrichten, Bibliothek und andere Infrastruktur innerhalb der Uni und X. kennenlernen).
   ➔ In dieser Phase war ich sehr **glücklich** und **begeistert**, in X. zu sein und meine Forschung zu beginnen und die Wissenschaftswelt in X. kennenzulernen.
   ➔ Ich war aber mitunter auch sehr **erschöpft**, weil es noch sehr heiß war und das alltägliche Leben in X. zu organisieren immer ein wenig aufwendig ist.
   ➔ Ich war in den ersten Tagen auch ein wenig **überwältigt** von den neuen Eindrücken.

2. Die zweite Phase bis Ende Oktober war von einer Analyse [bestimmter Archiv-Dokumente] und somit viel »Schreibtischarbeit« geprägt. Außerdem habe ich viel Zeitung gelesen. Ich habe erste Experten-Interviews in Bezug auf die [Archivdokumente] geführt. Außerdem habe ich an einigen Veranstaltungen/Konferenzen teilgenommen. Diese Phase sollte dem Finden von [Fallstudien] für mein weiteres Vorgehen dienen, und ich habe bis Ende Oktober zwei Texte verfasst.: einen zu gegenwärtigen Entwicklungsdiskursen in X. und einen weiteren zur Analyse der [Archivdokumente].
   ➔ Das Lesen und Schreiben hat mir in dieser Phase

viel **Freude** bereitet, ebenso wie das weitere Kennenlernen der Uniwelt.

➔ Ich war aber auch etwas **herausgefordert** durch die Frage, wie ich meine [Fallstudien] aussuchen soll.

3. Die Zeit von November bis Ende Januar sollte eine Art Pilotphase für die einzelnen [Fallstudien] sein. Da ich immer noch **unsicher** war, wie ich [diese] gerechtfertigt auswählen kann, hatte ich einen Austausch mit meiner Doktormutter und zwei Professoren vor Ort. Leider konnte mir niemand richtig weiterhelfen, so dass ich zu Beginn dieser Phase **verwirrt** und auch **frustriert** war. Ich habe an einem Punkt einfach zwei [Fallstudien] ausgesucht, ohne selbst überzeugt zu sein von meiner Auswahl. Der Zugang zum Feld ist in beiden Fällen ganz gut gelaufen, und ich konnte von meiner Forschung wieder **überzeugter** sein und mit **Neugier** und **Freude** in die Fälle einsteigen.

4. Februar und März sollten der Reflexion über die Pilotphasen in beiden [Fallstudien] dienen, und ich habe bis Ende Februar eine in einem Text weiter konkretisiert und das weitere Vorgehen geplant. Das gleiche möchte ich für [die zweite Fallstudie] bis Ende März oder Anfang April vornehmen. Ich habe auch eine Art vorläufige kommentierte Gliederung meiner Dissertation geschrieben, und ich habe das Gefühl, mir klarer geworden zu sein über mein Forschungsprojekt. In dieser Phase haben sich meine Gedanken etwas besser geordnet, und ich bin **freudig** und **zuversichtlich** für die verbleibenden Monate …

4 Emotionstagebuch

Die teilnehmenden Ethnographen beschrieben ihre im Feld wahrgenommenen Emotionen anhand eines regelmäßig ausgefüllten Emotionstagebuchs, das neben dem einseitigen *Self-Evaluation Check* Raum für narrative Beschreibungen, affektive Assoziationsketten und Skizzen ließ. Diese wurden je nach Feldforschungsbedingungen und Präferenz handschriftlich (*offline*) oder am Laptop (*online*) – strukturiert, semi-strukturiert oder offen – geführt.

Die Emotionstagebücher unterstützen die Forscher in dreierlei Hinsicht. Erstens fungieren sie als Hilfestellung, sich emotionale Herausforderungen von der Seele zu schreiben und somit selbstreflexiv zu vergegenwärtigen (psychologische Dimension). Zweitens dokumentieren die Forscher schwer Begreifbares oder Rätselhaftes, das sich rationalen Erklärungen zunächst entzog, aus affektiver Perspektive jedoch festhalten ließ, um es in der Retrospektive, sei es im Feld oder am Schreibtisch, aufarbeiten und analysieren zu können (epistemische Dimension). Drittens helfen sie Ethnographen dabei, sich in ihrem Alltag zu organisieren und affektiv aufmerksam und auf der Basis vorheriger Erfahrungen reflektiert durch Feldbegegnungen zu navigieren (strategische Dimension)[1].

Die Emotionstagebücher sollen klassische ethnologische Dokumentationsformate (Beobachtungsprotokolle, objektivierte Feldnotizen, Interviewaufnahmen, visuelle Dokumentationen etc.) nicht ersetzen, sondern ergänzen. Sie schaffen ein Affektwissen, das als weitere

Datendimension in die ethnographischen Analysen der Feldforscher im Rahmen ihrer Studien einfließen kann. Ebenso wie die quantitativen Daten, die durch Fragebögen generiert werden, gestatten die narrativ ausgeführten Tagesprotokolle den Forschern, ihre Erfahrungen nachträglich zu rekonstruieren und zu ihren jeweils zeitgleichen Beobachtungen und Ergebnissen systematisch in Beziehung zu setzen. Die Dokumentation von Forscheremotionen, ihre Mitteilung im Schreiben und ihre Berücksichtigung bei der Datenanalyse ermöglichen es, ethnographische Wissensproduktion transparent und nachvollziehbar darzustellen. Die Bandbreite der Methoden zur Analyse solcher textlicher Aufzeichnungen erstreckt sich, je nach Erkenntnisinteresse, von qualitativen (hermeneutischen) bis zu quantitativen (statistischen), die jeweils multimethodal kombiniert werden können. Einige sollen im zweiten Teil, *Emotionen im Text*, vorgestellt werden.

Die anschließende Evaluierung der Emotionstagebücher durch die beteiligten EthnographInnen im Rahmen eines Feedback-Workshops (siehe Abbildung 11) zeigte, dass offene Dokumentationsmethoden gegenüber stärker standardisierten oder überstrukturierten Formaten offenbar präferiert werden. Während das Ursprungsdokument elf Fragen beinhaltete, wurde eine überarbeitete Version mit nur noch sieben Rubriken bevorzugt. Diese bilden die soeben beschriebenen drei Dimensionen der Anwendung ab (die psychologische, die epistemische und die strategische). Sie zielen in erster Linie auf die Relationalität affektiver Erfahrungen, indem sie im Hinblick auf Begegnungen, Personen, Räume und Situationen während der Feldforschung abgefragt wurden.

1. *Psychologische Dimension:*
   Frage 1 – Was muss ich jetzt unbedingt aufschreiben?
2. *Epistemische Dimension:*
   Fragen 2 bis 5 – Welches Gefühl beschreibt mich heute am besten? Ist dieses Gefühl an eine bestimmte Situation oder Person geknüpft? Wer oder was hat mich heute beeindruckt oder überrascht? Wer/was bin ich hier im Feld? (als Skizze oder Beschreibung, siehe Abbildung 8).

3. *Strategische Dimension:*
   Fragen 6 und 7 – Was wünsche ich mir? Was nehme ich mir für morgen vor?

Trotz des zeitlichen Aufwands, die eigenen Emotionen im ohnehin bereits dokumentationsintensiven Feldforschungsalltag schriftlich festzuhalten, entschied sich die Hälfte der Teilnehmer für die von uns zur Verfügung gestellten semi-strukturierten Emotionstagebücher. Die andere Hälfte schrieb ihre emotionalen Erfahrungen im Rahmen ihres persönlichen Feldtagebuchs oder separat auf zunächst leeren Blättern nieder. Die analog geführten Emotionstagebücher wurden anschließend von unserem Forschungsteam digitalisiert, transkribiert und als neuartiges Datenmaterial zur Meta-Analyse aufbereitet.[2]

Abbildung 6: Self-Evaluation Check im Emotionstagebuch

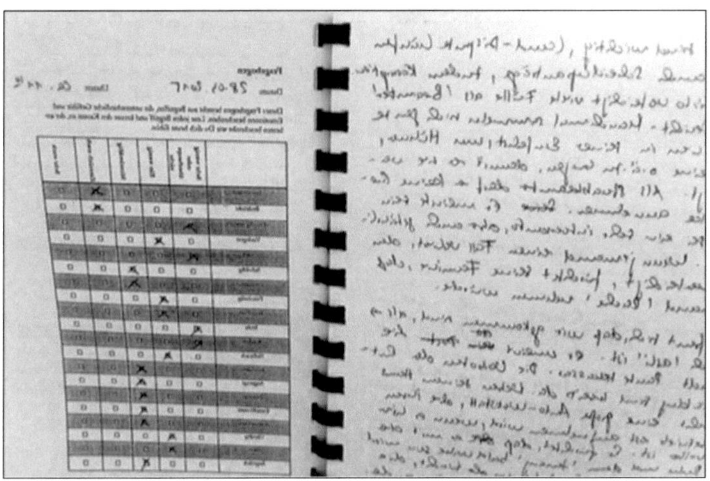

Abbildung 7: Emotionstagebuch

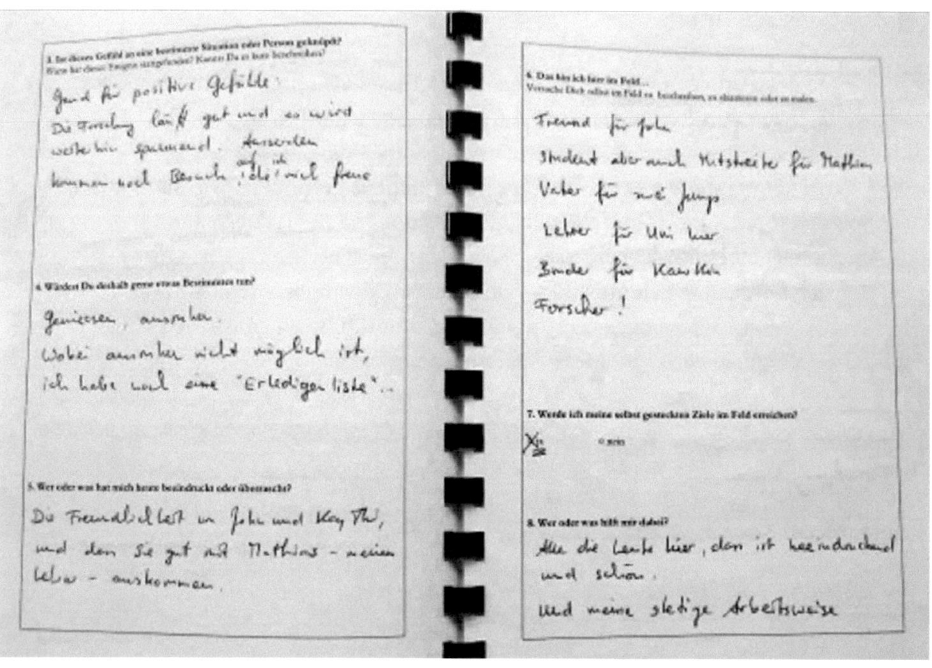

3. Ist dieses Gefühl an eine bestimmte Situation oder Person geknüpft?
Wann hat dieses Ereignis stattgefunden? Kannst Du es kurz beschreiben?

Grund für positive Gefühle:
Die Forschung läuft gut und es wird weiterhin spannend. Ausserdem kommen noch Besuche, auf die ich mich freue

4. Würdest Du deshalb gerne etwas Bestimmtes tun?

Genießen, ausruhen.
Wobei ausruhen nicht möglich ist, ich habe noch eine "Erledigen-liste"...

5. Wer oder was hat mich heute beeindruckt oder überrascht?

Die Freundlichkeit von John und Kay [illegible], und dass Sie gut mit Mathias – meinem Lehrer – auskommen.

6. Das bin ich hier im Feld...
Versuche Dich selbst im Feld zu beschreiben, zu skizzieren oder zu malen.

Freund für John
Student aber auch Mitstreiter für Mathias
Vater für zwei Jungs
Lehrer für Uni hier
Bruder für [illegible]
Forscher!

7. Werde ich meine selbst gesteckten Ziele im Feld erreichen?

X ja ○ nein

8. Wer oder was hilft mir dabei?

Alle die Leute hier, das ist beeindruckend und schön.
Und meine stetige Arbeitsweise

Abbildung 8: Skizzen im Emotionstagebuch (Frage 5)

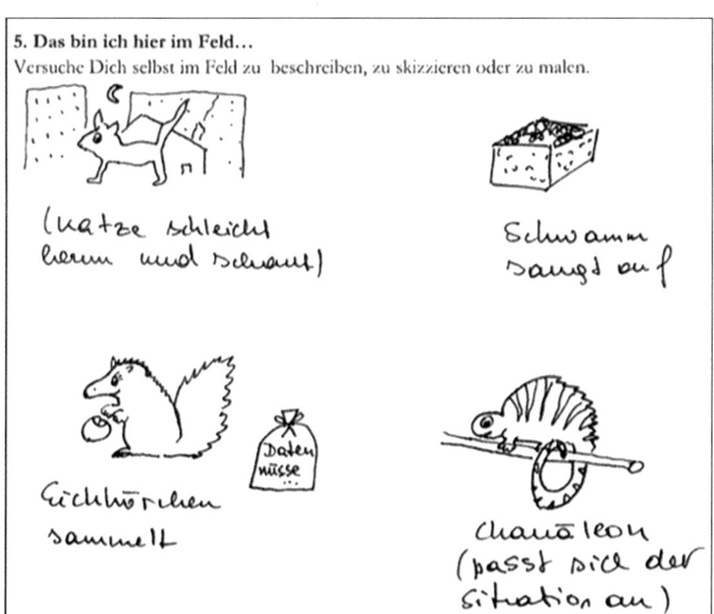

5 Feld-Interviews

Leitfadeninterviews mit den beteiligten Forschern wurden während ihres Aufenthalts im Feld (in Indonesien), sei es persönlich *in situ* oder visuell-online (nicht in Indonesien), durchgeführt. Die 30 Gespräche wurden überwiegend auf Deutsch geführt, auditiv oder visuell aufgezeichnet. Sie dauerten je nach Rahmenbedingungen der Feldforschenden zwischen 60 und 150 Minuten. 22 Fragen fokussieren die Komplexe ›Forschungsthema, Feld, und Methode‹, ›Herausforderungen und Unterschiede‹, ›Gefühle und Emotionen‹, ›Situationen und Sehnsüchte‹, ›Ausbildung‹ und ›Sonstiges‹ (siehe Abbildung 10). Die Interviews wurden anonymisiert, transkribiert und digitalisiert zur Analyse aufbereitet.

Als Ergänzung zu den schriftlichen Aufzeichnungen der Fragebögen und Emotionstagebücher eröffneten die Interviews den Gesprächspartnern die Möglichkeit, sich spontaner und direkter auszudrücken. Während der anschließenden Feedback-Runde, an der ein Großteil der mitwirkenden Ethnographen teilnahm, wurde das Gespräch, *in situ* oder am Bildschirm geführt, als das psychologisch wertvollste Medium der emotionalen Selbstreflexion bewertet. Die Gespräche wurden überwiegend wenige Wochen vor dem Ende der mehrmonatigen (zwischen fünf und 18 Monate umfassenden) Feldforschungen geführt. Sie halfen dabei, sich ›Enttäuschungen und Ängste von der Seele zu reden‹, sich ›nicht mehr so allein zu fühlen‹ oder ›Andere an den Freuden, die man im Feld erlebt hat, teilhaben zu lassen‹. Die besondere emotionale Dichte und Intensität der Interview-Narrative im Vergleich zu den Schriftzeugnissen kann diese Diagnose bestätigen. Als Anregung wurde eingefordert, dass diese Form des Austausches während einer Feldforschung regelmäßig geführt und zum Beispiel in den Betreuungsvereinbarungen für Qualifikationsarbeiten verankert werden sollte.

Abbildung 9: Auszug aus einem Interview

Interview

Ich muss halt den ganzen Tag Leuten hinterher rennen. Sie sagt mir nichts von selber, ich muss, ich muss ihr die ganze Zeit hinterher rennen und fragen »Kommt heut noch wer? Wann kommt wer? Sagen Sie mir bescheid, wenn der kommt.« Manchmal spaziert sie an mir vorbei, ich sitz dann immer auf so nem Sofa in ihrem Büro, ich wart dann da ne halbe Stunde, dann geh ich ins Büro und frag, ob die Person, die heut noch kommen wollte, kommt, und sie »Nein, Nein, heut kommt niemand«, wo ich mir denk »dann sag mir das doch einfach aufm Weg ins Büro.« Also, das ist einfach sehr anstrengend dieses hin und her laufen und dieses Gefühl, andere Leute gehn davon aus, ich hab eh nichts besseres zu tun, als den ganzen Tag rumzusitzen und sozusagen ständig spontan sein zu müssen, und das finde ich eben auch sehr anstrengend. Ich muss extrem flexibel sein, ich muss immer Zeit haben, das ist mühsam.

Abbildung 10: Interview-Leitfaden

Leitfaden für ein Interview im Feld

Forschungsthema, Feld, Methode

1. Kannst Du mir kurz Dein Forschungsfeld/-thema beschreiben?
2. Wie lange läuft Deine Feldforschung schon, und wie lange planst Du, noch im Feld zu bleiben?
3. Was interessiert/fasziniert Dich an dem Thema oder an der Region?
4. Wie setzt Du Dein Forschungsinteresse methodisch um?
5. Wie dokumentierst Du das Erlebte, Erfahrene, Erzählte?
6. Was ist für Dich das Essentielle oder Besondere an der ethnographischen Methode (im Vergleich zu anderen Disziplinen)?
7. Was ist für Dich das Feld?

Herausforderungen und Unterschiede

8. Welches sind die großen Herausforderungen Deiner Feldforschung an Dich als Wissenschaftler? Als Mensch?
9. Was ist der größte Unterschied hier im Vergleich zu Zuhause? Womit tust Du Dich schwer? Was gefällt Dir besonders? An den Orten? An den Menschen?
10. Wie bist Du hier und dort? Gibt es Unterschiede?

Gefühle und Emotionen

11. Wie würdest Du Deine eigene Gefühlslage hier beschreiben?
12. Kannst Du vielleicht sogar Emotionen benennen, die Du (hier) häufig erfährst?
13. Ich habe Karteikarten mit unterschiedlichen Emotions-

wörtern vorbereitet. Kannst Du sie nach der Häufigkeit, wie sie Dir begegnen, ordnen? Wenn Du Deine Feldforschung in Phasen einteilen müsstest, wie viele wären es, und kannst Du ihnen charakteristische emotionale Erfahrungen zuordnen?

Situationen und Sehnsüchte

14. Würdest Du mir zustimmen, dass die Feldforschung den Forscher in besonderer Weise herausfordert oder gar unter Stress setzt? Warum (nicht)?
15. Kannst Du mir eine Situation beschreiben, die Dich besonders verletzt oder betrübt hat?
16. Und eine, die Dich besonders erheitert oder belustigt hat?
17. Wenn Du für ein paar Tage Abstand von Deiner Forschung haben möchtest, was tust Du?
18. Wenn Du einen Tag frei hättest, um unbemerkt zu verschwinden, wohin würdest Du gehen?

Ausbildung

19. Fühlst Du Dich gut auf die Anforderungen im Feld vorbereitet?
20. Was könnte in der Vorbereitung/Ausbildung verbessert werden?

Sonstiges

21. Hast Du einen Ratschlag oder Hinweis für KollegInnen, was die Feldforschung betrifft?
22. Gibt es sonst noch etwas, das Du loswerden möchtest?

Die statistische Auswertung der Fragebögen und die semantische Interpretation der *pile* oder *word sortings* verfolgen das Ziel, die individuellen Unterschiede, in erster Linie jedoch die überindividuellen Gemeinsamkeiten der emotionalen Erfahrung während der Feldforschung systematisch herauszuarbeiten. Die Analyse der Emotionstagebücher und die Codierung der Leitfaden-Interviews ergänzen, erweitern, hinterfragen oder konterkarieren die mit Hilfe der *pile* oder *word sortings* erstellten Typologien und Sequenzen und verbinden so quantitative Modelle mit narrativen Fallbeispielen als Grundlage für eine dichte Beschreibung.

Im Rahmen von Feedback-Workshops oder in gemeinsam mit den beteiligten Ethnographen verfassten Artikeln werden die Teilnehmer in einem weiteren Schritt in den Analyseprozess einbezogen. So kann der ethische Vorwurf, der spätestens seit der sogenannten *Writing Culture*-Debatte[1] in den 1980er Jahren jeder ethnographischen Forschung *über* ›Andere‹ entgegengebracht wird, praxeologisch aufgelöst werden, indem die Erfassung der Emotionen von Feldforschern *mit* diesen gemeinsam interpretiert, kommentiert oder repräsentiert wird.

Abbildung 11: Feedback-Workshop

6 Empirische Affektmontage

Bisher haben wir vor allem *Erhebungs*methoden im Rahmen einer überindividuellen Meta-Analyse von Forscher-Emotionen im Feld beschrieben und diskutiert. Die ›Empirische Affektmontage‹ fokussiert die individuelle Anwendung dieser Methoden in Feldforschungen als affektiv-relationale Methodologie der eigenen Feldforschung. Sie setzt die Dokumentation der emotionalen Erfahrung im Feld zu den Beobachtungen im Feld und zu deren Interpretation ins Verhältnis (siehe Abbildung 12).[1]

Emotionen helfen Menschen beim Navigieren im Alltag und bei der Sinnzuschreibung für ihre Erfahrungen.[2] Da die Feldforschung im Vergleich mit anderen Zugängen zu sozialen Wirklichkeiten eine besonders relationale und affektive Praxis ist, in der Ethnographen in die Lebenswelt anderer Menschen ganzheitlich (›holistisch‹) eintauchen, um diese desto besser nachvollziehen zu können, müssen Emotionen als epistemisch relevant für die ethnographische Feldforschung gelten[3].

Ethnographen beschreiben ihre Emotionen in den Einleitungen oder Methodenkapiteln ihrer Ethnographien[4]. Dies ist zur guten wissenschaftlichen Praxis erhoben worden, mit der Ethnographen ihre ethische Verantwortung, ihren Zugang zum Feld und ihre literarische Reflexivität darlegen.[5] In Erweiterung dieser Reflexionen in den Monographien, die in aller Regel erst retrospektiv entstehen, argumentieren wir für eine emotionale Reflexivität, die bereits während der Feldforschung systematisch dokumentiert werden kann – mithilfe der vorgestellten Emotionstagebücher, Affektskalen, Wörterlisten und Interviews. Theoretische Grundlage unseres Arguments ist die wissenschaftliche Annahme, dass Emotionen vor Ort in sozialen Begegnungen mit Informanten, Gesprächspartnern, Mitarbeitern und Forschungspartnern entstehen und dass sie diese Begegnungen beeinflussen. Emotionen sind als epistemisch zu verstehen, da sie *per definitionem* Phänomene der Erfahrung und Formen der Kommunikation sind, die Menschen zu- und miteinander in Beziehung setzen. Emotionen sind wichtig, um den Phänomenen, die Ethnographen erforschen, Bedeutung zu verleihen. Die Anwendung wissenschaftlicher Techniken, welche die affektiven Erfahrungen und Emotionen im Feld dokumentieren, so unsere Annahme, schult die *emotional literacy* und verspricht, die emotionale Reflexivität der Wissenschaftler während der Feldforschung als Methodologie zu verfeinern. Die Möglichkeit, unterschiedliche Dimensionen von Daten bereits während der Feldforschung und dann nachträglich am Schreibtisch miteinander zu ›montieren‹ (d. h. in Beziehung zu setzen),[6] kann die im Rahmen konventioneller Methoden (Feldnotizen, Interviews, Gesprächs- und Verlaufsprotokolle, Fokusgruppen-Diskussionen etc.) erhobenen Feldforschungsdaten verdichten und die Transparenz ihrer Entstehung erhöhen. Die am Projekt »Die Affekte der Forscher« teilnehmenden 30 Ethnographen haben diese Methodologie erprobt. Sie haben Artikel verfasst, welche die ›Empirische Affektmontage‹ individuell anwenden und ausgestalten. Diese Artikel wurden in einem Sammelband herausgegeben.[7] Manche Autoren analysieren einzelne Passagen ihrer Emotionstagebücher hermeneutisch-interpretativ, andere unterziehen sie einer quantitativen Analyse. Wiederum andere ersetzten bereits nach wenigen Monaten der Feldforschung ihr konventionelles Feldtagebuch durch ein Emotionstagebuch, das sie an ihre Bedürfnisse anpassten, und reflektieren seine Bedeutung für ihre Forschungsarbeit. Je nach methodologischer Überzeugung, theoretischer Ausbildung und generischer Konvention fand die Empirische Affektmontage direkt während der teilnehmenden Beobachtung statt (Verschmelzen von Emotions- und Feldtagebuch), als *ad hoc*-Analyse im Feld (Vergleichende Lektüre der Emotionstagebücher, Interview-Transkripte und konventionellen Daten), im Anschluss an die Feldforschung am Schreibtisch (qualitative Inhaltsanalyse der Emotionstagebücher und Vergleich mit den konventionellen Daten) oder als Dialog zwischen zwei Forschern (Lektüre der Emotionstagebücher, die wechselseitige Fragen generiert). Darüber hinaus soll die Empirische Affektmontage Möglichkeiten eröffnen, literaturwissenschaftliche *Analyse*methoden für schriftliche Zeugnisse der Feldforschung aus dem zweiten Teil (*Emotionen im Text*) in den Kanon ethnographischer Datenanalyse zu integrieren, und die bisherigen Überlegungen dazu erweitern.[8] Die Möglichkeiten und Grenzen einer literaturwissenschaftlichen Erweiterung ethnographischer Analysemethoden werden im Schlussteil diskutiert und in einem fächerübergreifenden Ausblick zusammengeführt.

Die Rolle von Affekten und Emotionen in der Feldforschung wurde somit nicht nur von den teilnehmenden Feldforschern dokumentiert und von unserem Team anschließend analysiert, sondern ihr epistemisches Potenzial wurde auch im Projekt selbst für die eigene Feldforschung genutzt. Mit der Empirischen Affektmontage haben wir eine Methodologie ethnographischer Forschung entwickelt, welche die Affekten und Emotionen der Forscher als Erkenntnismedium in die Dokumentation, Interpretation und Repräsentation ethnographischer Daten integriert. Samia Dinkelaker, die diese Methodologie im Rahmen ihrer Doktorarbeit mit entwickelte und während ihrer 15-monatigen Feldforschung in Indonesien und Hongkong anwendete, schreibt:

»Das Emotionstagebuch war während meiner ethnographischen Feldforschung ein tool praxeologischer Selbstreflexion und trug zu ihrem Gelingen bei. Im Interpretationsprozess meines Feldforschungsmaterials bietet die Dokumentation eigener emotionaler Erfahrungen eine zusätzliche Datenquelle, die mir erlaubt, Thesen zu stützen und transparent zu machen. Meine emotionalen Erfahrungen waren in zwei Hinsichten in der Entwicklung von Thesen und der Identifizierung von Schlüsselthemen produktiv: Erstens habe ich meine emotionalen Reaktionen auf mir geltende Adressierungen durch die ProtagonistInnen im Feld (z. B. als potenzielle Arbeitgeberin einer indonesischen

Haushaltsarbeiterin) in den Blick genommen und konnte so Rückschlüsse auf Handlungen und Motive der ProtagonistInnen ziehen. Zweitens war es mir möglich, aufgrund eigener emotionaler Erfahrungen (z. B. die Erfahrung von Verletzlichkeit und Unsicherheit) meinen Blick für ähnliche Erfahrungen der ProtagonistInnen meiner Feldforschung zu schärfen.«

Abbildung 12: ›Empirische Affektmontage‹ – Visualisierung der Montage von konventionellen Feldtagebüchern (rechts) und Emotionstagebüchern (links), darüber der veröffentlichte Text

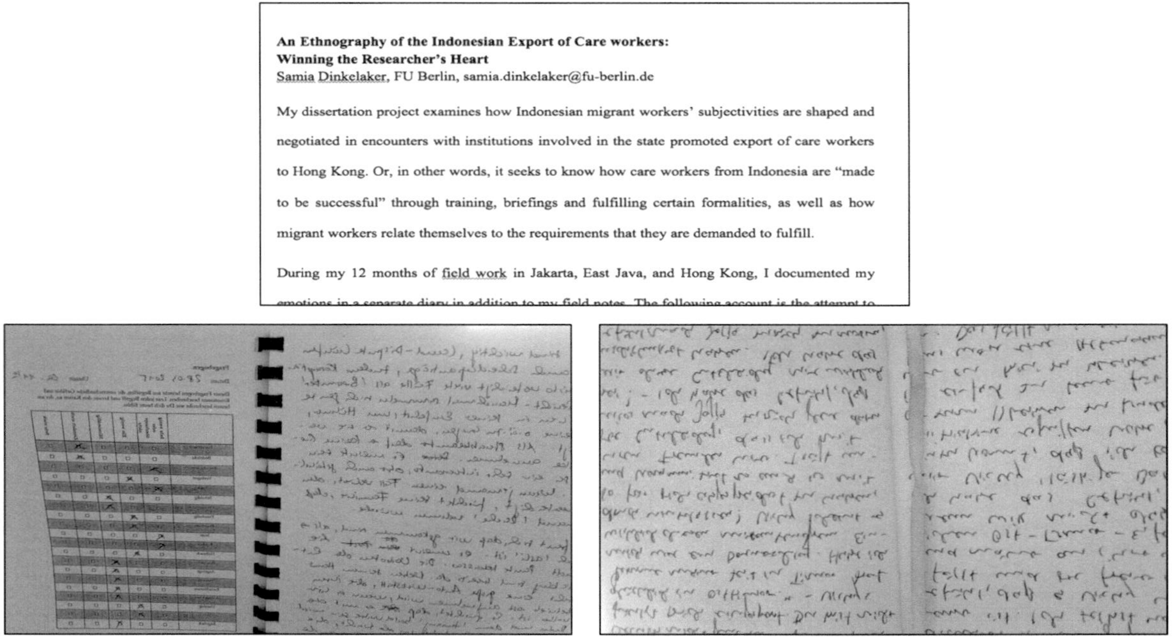

An Ethnography of the Indonesian Export of Care workers:
Winning the Researcher's Heart
Samia Dinkelaker, FU Berlin, samia.dinkelaker@fu-berlin.de

My dissertation project examines how Indonesian migrant workers' subjectivities are shaped and negotiated in encounters with institutions involved in the state promoted export of care workers to Hong Kong. Or, in other words, it seeks to know how care workers from Indonesia are "made to be successful" through training, briefings and fulfilling certain formalities, as well as how migrant workers relate themselves to the requirements that they are demanded to fulfill.

During my 12 months of field work in Jakarta, East Java, and Hong Kong, I documented my

7 Ethnolab

Wie lässt sich eine methodologische und theoretische Reflexion der emotionalen Wahrnehmung abseits der beschriebenen individuellen Dokumentationsformate als Dialog oder Kollaboration bereits in die Feldforschung selbst integrieren? Im Projekt »Die Affekte der Forscher« wurde während eines Feldaufenthalts in Indonesien ein »Ethnolab« eingerichtet. Hier trafen sich die beteiligten EthnographInnen mit ihren indonesischen KollegInnen, um in einer Reihe von Workshops gemeinsam mit den Projektmitgliedern anderer Fächer (Primatologie, Literaturwissenschaft und Film/Kunst), die sie im Feld besuchten und beobachteten, ihre laufende Forschung zu diskutieren.

»Ethnolab« ist ein diskursiver Raum, der gemeinsam vom *KUNCI Cultural Studies Center* Yogyakarta und dem Projekt organisiert wird. Die Kooperation zielt darauf ab, die interdisziplinäre Forschung zu soziokulturellen Themen zu fördern, indem sie sich mit den Prinzipien und Techniken der ethnographischen Methodik auseinandersetzt. Das 2015 in Yogyakarta ins Leben gerufene »Ethnolab« besteht aus einer Reihe von konzeptuellen und methodischen Gesprächsreihen, deren Ziel es ist, die ethnographische Feldforschung und die kollaborative Wissensproduktion zwischen jungen ForscherInnen und Mitgliedern der Gemeinschaft, die am Forschungsprozess teilnehmen, zu diversifizieren. Die gemeinsamen Interessen umfassen die Bedeutung von Interdisziplinarität, Transparenz und Gegenseitigkeit in der Feldforschung, die Aufmerksamkeit für die affektive Positionalität der ForscherInnen und nicht zuletzt die Betonung ethisch verantwortlicher Forschungsbegegnungen und -darstellungen in Schrift und Bild. Das »Ethnolab« begann im Januar 2015 mit einer Reihe von ethnographischen Mikro-Studien, die drei Wochen lang durchgeführt und in Workshops diskutiert wurden. Die dabei entstandenen Mini-Ethnographien[1] verfolgen das Ziel, die Affekte von ForscherInnen nicht nur methodologisch ernst zu nehmen, sondern sozial- und kulturwissenschaftliche Epistemologien und Konzepte von Affekt und Emotion in der Kollaboration mit lokalen KollegInnen zu dekolonialisieren.[2]

Abbildung 13: »Ethnolab« (Yogyakarta, Indonesien, 2015)

Abbildung 14: Ethnolab (http://ethnolab.kunci.or.id)

8 Künstlerische Intervention und Kollaboration

Im Verlauf einer Feldforschung kann auch eine künstlerische Intervention hilfreich sein – etwa in Form eines Dokumentarfilms. Im Projekt »Die Affekte der Forscher« begleitete der Künstler und Dokumentarfilmer Emanuel Mathias zusammen mit seinem Kollegen Franz von Bodelschwingh eine mehrwöchige ›Feldrotation‹ auf Java (Sozial- und Kulturanthropologie) und Borneo (Primatologie). Gefilmt wurde simultan mit vier Kameras, deren Aufnahmen dann im *Split-Screen*-Verfahren zusammengesetzt wurden. Das Ergebnis ist der experimentelle Dokumentarfilm *On Choosing an Appropriate Distance* (2015), der entweder auf der Kinoleinwand oder als Installation auf mehreren Projektionsflächen im Raum präsentiert wurde.[1] Die Bilder zeigen den beobachtenden Wissenschaftler, das Objekt seiner Beobachtung, was in seinem Rücken geschah und was ein Informant/Protagonist derweil aus seiner eigenen Perspektive aufnahm.

Es entsteht eine Reflexion über die Figur des Forschers, die Relativität und Relationalität seiner Beobachtung und den Multiperspektivismus der Wahrnehmung. Dabei wird die Selbstreflexion eines Sozial- und Kulturanthropologen oder einer Primatologin hinsichtlich der Emotionalität ihrer Arbeit so nicht nur durch die teilnehmenden ›Beobachter der Beobachter‹ aus den Partnerfächern (Ethnologie bzw. Primatologie und Philologie) erweitert, sondern zudem durch die Meta-

Beobachtung der experimentellen Dokumentarfilmer auf einer weiteren Ebene gespiegelt.

Abbildung 15: Die Beobachtung der Beobachter – Dokumentarfilm von Emanuel Mathias (2015)

Im folgenden Kapitel stellen wir Methoden aus der Literaturwissenschaft vor, welche die Möglichkeiten der Analyse für die im ersten Teil beschriebenen Datencorpora abseits von *grounded theory*-Analysen[2] und ethnopsychoanalytischen Deutungswerkstätten[3] erweitern und somit eine Empirische Affektmontage als neues methodologisches Dokumentations-, Analyse- und Repräsentationsparadigma textanalytisch bereichern können.

Die Reise durch unser Forschungsprojekt begibt sich somit aus dem Feld an den Schreibtisch, an dem wir Möglichkeiten aufzeigen wollen, das Dokumentierte mit Hilfe literaturwissenschaftlicher Methoden systematisch zu analysieren. Unser Augenmerk liegt hierbei auf der Darstellung möglichst vieler Analysemethoden, die je nach Kontext und Frageinteresse auf unterschiedliche Datencorpora und Dokumentationsformate angewendet werden können.

Dieser Teil des Taschenhandbuchs soll jedoch nicht nur potenzielle interdisziplinäre Methoden vorstellen, die bei der Analyse der dargestellten *in-vivo* Felddokumente (Wörter-Listen, Emotionstagebücher, Feldtagebücher und Leitfadeninterviews) behilflich sein können. Die im Folgenden dargestellten Methoden bilden darüber hinaus Ansätze, bereits veröffentlichte Ethnographien philologisch auf ihre affektiven Dimensionen hin zu untersuchen. Sie können aus literatur- und zunächst nicht aus sozialwissenschaftlicher Perspektive Aufschluss darüber geben, wie Emotionen in handschriftlichen oder in veröffentlichten Texten zur Geltung kommen.

Zweiter Teil: Emotionen im Text

Im Anschluss an die empirischen Erhebungsmethoden der Emotionen *im Feld* stellt sich die Frage nach ihrer Analyse in den daraus resultierenden *Texten* – abseits sozialwissenschaftlicher (inhaltsanalytischer oder hermeneutischer) *Grounded Theory*-Ansätze. Zur Analyse schriftlicher Zeugnisse der Feldforschung stehen zahlreiche Methoden der klassischen und empirischen Literaturwissenschaft zur Verfügung, entwickelt für die Lektüre von literarischen Texten, z. B. von Reiseliteratur oder Autobiographien, die mit dem ethnographischen Genre durchaus einige Merkmale teilen.

In der Literatur stellt sich die Frage nach Emotionen im Text auf besonders komplexe Weise, weil diese auf mehreren Ebenen ins Spiel kommen. *Wessen* Emotionen können wir überhaupt in Erwägung ziehen? Die des Autors oder die des Textes, die des Erzählers oder die der Figuren, die eines idealtypischen Lesers oder die verschiedener Leser oder Gruppen von Lesern bzw. von Leser*innen*?[1] Tatsächliche Emotionen, die vermittelt werden, oder ästhetische Emotionen, die der Text als sprachliches Kunstwerk auslöst? Diese Fragen sollen im Schlussteil noch einmal aufgegriffen werden, um die Möglichkeiten und Grenzen literaturwissenschaftlicher Perspektiven auf Felddokumente und Monographien zu erörtern.

Die Frage, wie Emotionen in Texten bewusst inszeniert oder unbewusst symptomatisiert werden und wie sie sich analysieren lassen, ist methodisch alles andere als trivial.[2] Affekte, Gefühle, Emotionen werden nicht nur ausdrücklich mitgeteilt, sondern auch indirekt und womöglich ungewollt angedeutet oder auch simuliert, so dass Verfahren erforderlich werden, die auch diese Ebenen und Modi der Darstellung analysierbar machen. Bei historischen Schriften sind semantische

Verschiebungen in Rechnung zu stellen. Die Affekte der Leser intervenieren in jedem Fall als Affekte zweiter Ordnung.

Die gestellte Frage nach Emotionen in Texten kann am ehesten beantwortet werden, indem Konzepte und Techniken der Philologie mit solchen der empirischen Wissenschaften kombiniert werden, so dass qualitative und quantitative Verfahren einander ergänzen. Dieser wechselseitige Methoden-Transfer ist gerade insofern produktiv, als literaturwissenschaftliche Verfahren auch auf (eher) wissenschaftliche Texte und sozialwissenschaftliche Verfahren auf (eher) literarische Texte angewandt werden können. Denn die im Projekt untersuchten Genres – wissenschaftliche Reiseberichte, literarische Auslandsreportagen, ethnographische Narrationen als Felddokumente und Monographien sowie autobiographische Erinnerungen von Primatologen – erheben zwar unterschiedliche Geltungsansprüche, nutzen verschiedene poetische Lizenzen und weisen tendenziell andere stilistische Merkmale auf, sie haben aber jeweils sowohl faktuale wie auch fiktionale Anteile und sind insofern nicht kategorial, sondern nur graduell zu unterscheiden und werden in beiden Hinsichten lesbar.

Für die quantitative Analyse von Texten, die in den Literaturwissenschaften immer noch dissident ist und starke Aversionen hervorruft, hat insbesondere Franco Moretti neue Wege gewiesen. Im Stanford *Lit Lab* erprobte er Methoden eines nicht mehr hermeneutischen *close reading*, sondern eines meist computerbasierten *distant reading*[3], das es unter anderem erlaubt, größere Corpora auf sprachliche Regelmäßigkeiten zu untersuchen und dabei historische Veränderungen zu rekonstruieren.[4] Zur Darstellung seiner Befunde bediente sich der Komparatist der Verfahren der Datenvisualisierung aus Geschichtsschreibung, Geographie und Evolutionsbiologie: *Graphs*, *Maps*, *Trees*.[5] Wie können wir, fragte Moretti provokativ, Literatur verstehen, ohne sie auf konventionelle Weise zu lesen?

Die folgenden Beispiele sollen einen Eindruck von der Bandbreite der methodischen Ansätze geben, mit deren Hilfe einzelne Emotionen und affektive Dynamiken in Texten erfasst werden können. Das Spektrum reicht von einerseits klassischen, qualitativen, hermeneutischen zu andererseits neueren, quantitativen, experimentellen Methoden und dabei von Verfahren, die direkt adressierte Affekte untersuchen, zu solchen, die indirekte Rückschlüsse auf deren Darstellung gestatten.

1 Psyche und Physis

Die nächstliegende Möglichkeit, sich mit Affekten in Reiseberichten, Feldtagebüchern oder Forschermemoiren auseinanderzusetzen, ist, dies thematisch zu tun, d. h. zu beobachten, wie sie in Texten direkt angesprochen oder reflektiert werden. Wo ist etwa die Rede davon, dass der Reisende Angst hat? Dass er sich einsam fühlt? Oder dass er auf einen Einheimischen wütend ist? Wie werden affektive Reaktionen und psychische Dynamiken beschrieben?

Ein besonderer Signalcharakter kommt, zum Beispiel, dem Ekel zu. Wenn etwas als ›ekelhaft‹ oder ›widerwärtig‹ empfunden wird, scheint dieser stark physische Affekt, der die ästhetische Wahrnehmung und die wissenschaftliche Reflexion zum Abbruch bringt, gewissermaßen als Blockade-Affekt, eine unüberwindliche Differenz anzuzeigen. In einem Aufsatz über »Schmutzige Riten« hat Stephen Greenblatt den Ekel als Indikator einer nicht mehr zu verarbeitenden Fremdheit diskutiert.[1] Entsprechend ist aufschlussreich, an welchen Stellen, wie häufig und mit welcher Verteilung im zeitlichen Verlauf Ekel-Reaktionen in Reiseberichten, Ethnographien oder Primatographien erwähnt werden.

Rückschlüsse auf die emotionale Dimension der Fremdwahrnehmung erlauben generell Passagen, in denen körperliche Erfahrungen, physiologische Prozesse beschrieben werden, die eine Empfindungsdimension haben: Vorgänge des Körpers (Strapazen, *Jetlag*, Erschöpfung), der Nahrungsaufnahme (als Genuss, aber auch als Wahrung oder Überwindung angenommener Speise-Tabus), der Drogenerfahrung (zahlreiche Ethnologen experimentieren mit indigenen Rauschmitteln)[2] oder der Sexualität (sei es als Versuchung und Selbstbeherrschung wie bei Bronislaw Malinowski 1914–1918[3] oder als wirkliche Verbindung mit Informanten).

In diese Reihe gehören auch Krankheiten. Sie können mehr als nur eine medizinische Bedeutung haben und das affektive Verhältnis zum bereisten Land symbolisieren. So hat der Schweizer Autor Meinrad Inglin die Pneumonie, unter der er während einer Reise nach Nazi-Deutschland im Frühjahr 1940 litt, als Allegorie auf die eigene ›Anfälligkeit‹ für den Faschismus und für deren Überwindung durch eine Steigerung der helvetischen ›Abwehrkräfte‹ gestaltet.[4]

Viele Reisende unternehmen in ihren Schriften eine psychologische Selbstreflexion. Als sie 1935 ihrerseits ins ›Dritte Reich‹ reiste, dokumentierte die englische Schriftstellerin Virginia Woolf ihre Reaktionen auf den Totalitarismus in ihrem Tagebuch geradezu als affektpsychologischen Selbstversuch: Sie notiert Unterwürfigkeit gegenüber Uniformierten, Mitgerissenwerden in einer Massensituation, Scham über das eigene Verhalten, Verdrängung und schmerzvolle Versuche der Erinnerung.[5] Ihre Aufzeichnungen dienen ihr dazu, diese Grenzerfahrung zu bewältigen.

Abbildung 16: Teilnehmerinnen einer NS-Massenveranstaltung

2 Sinne

Weniger direkt als Vorgänge des Körpers oder der Psyche sind die Sinne auf Emotionen zu beziehen. Auch sie sind keineswegs ›unschuldige‹ Biologie, sondern kulturell codiert.[1] Ihre Unterscheidung in höhere und niedere Sinne zum Beispiel kann einer kolonialen Ideologie entsprechen. Dabei haben die einzelnen Sinne jeweils auch ein bestimmtes Verhältnis zu den Empfindungen der erzählenden Figur bzw. des beschriebenen Akteurs. Die Sinne des Reisenden können sich im Verlauf einer Reise bzw. eines Feldaufenthalts ebenso verändern wie seine Emotionen.

So schildert Alexander von Humboldt im Bericht einer Feldforschung aus dem Jahr 1800, den er unter dem Titel »Das nächtliche Thierleben im Urwalde« veröffentlichte, wie er in Südamerika lernte, nicht mehr nur den Sehsinn zu gebrauchen, der als Leitsinn der europäischen Aufklärung privilegiert wurde, sondern gerade als Naturwissenschaftler auch sein Gehör zu schärfen.[2] In der Konsequenz ist seinem Text der Übergang von einer visuellen zu einer auditiven Rhetorik abzulesen, wobei das Zurücktreten des ›intellektuellen‹ Gesichtssinns mit einem Schwinden der emotionalen Distanz einherzugehen scheint.

Abbildung 17: Alexander von Humboldt, Ansichten der Natur (1849)

(A) Sehen

Schüchtern übergebe ich dem Publikum eine Reihe von Arbeiten, die im Angesicht großer Naturgegenstände, auf dem Ozean, in den Wäldern des Orinoco, in den Steppen von Venezuela, in der Einöde peruanischer und mexikanischer Gebirge entstanden sind. Einzelne Fragmente wurden an Ort und Stelle niedergeschrieben und nochmals nur in ein Ganzes zusammengeschmolzen. Überblick der Natur im großen, Beweis von dem Zusammenwirken der Kräfte, Erneuerung des Genusses, welchen die unmittelbare Ansicht der Tropenländer dem fühlenden Menschen gewährt, sind die Zwecke, nach denen ich strebe. [...] Reichtum der Natur veranlaßt Anhäufung einzelner Bilder, und Anhäufung stört die Ruhe und den Totaleindruck des Gemäldes. Das Gefühl und die Phantasie ansprechend, artet der Stil leicht in eine dichterische Prosa aus. Diese Ideen bedürfen hier keiner Entwickelung, da die nachstehenden Blätter mannigfaltige Beispiele solcher Verirrungen, solchen Mangels an Haltung darbieten.

Mögen meine Ansichten der Natur, trotz dieser Fehler, welche ich selbst leichter rügen als verbessern kann, dem Leser doch einen Teil des Genusses gewähren, welchen ein empfänglicher Sinn in der unmittelbaren Anschauung findet. Da dieser Genuß mit der Einsicht in den inneren Zusammenhang der Naturkräfte vermehrt wird, so sind jedem Aufsatze wissenschaftliche Erläuterungen und Zusätze beigefügt.

(B) Hören

Es herrschte tiefe Ruhe; man hörte nur bisweilen das Schnarchen der Süßwasser-Delphine [...]. Nach 11 Uhr entstand ein solcher Lärmen im nahen Walde, daß man die übrige Nacht hindurch auf jeden Schlaf verzichten mußte. Wildes Tiergeschrei durchtobte die Forst. Unter den vielen Stimmen, die gleichzeitig ertönten, konnten die Indianer nur die erkennen, welche nach kurzer Pause einzeln gehört wurden. Es waren das einförmig jammernde Geheul der Aluaten (Brüllaffen), der winselnde, fein flötende Ton der kleinen Sapajous, das schnarrende Murren des gestreiften Nachtaffen (Nyctipithecus trivirgatus, den ich zuerst beschrieben habe), das abgesetzte Geschrei des großen Tigers, des Cuguars oder ungemähnten amerikanischen Löwen, des Pecari, des Faulthiers, und einer Schaar von Papageien, Parraquas (Ortaliden) und anderer fasanenartiger Vögel. Wenn die Tiger dem Rande des Waldes nahe kamen, suchte unser Hund, der vorher ununterbrochen bellte, heulend Schutz unter den Hangematten. Bisweilen kam das Geschrei des Tigers von der Höhe eines Baumes herab. Es war dann stets von den klagenden Pfeifentönen der Affen begleitet, die der ungewohnten Nachstellung zu entgehen suchten.

[...] aber lauscht man bei dieser scheinbaren Stille der Natur auf die schwächsten Töne, die uns zukommen, so vernimmt man ein dumpfes Geräusch, ein Schwirren und Sumsen der Insecten, dem Boden nahe und in den unteren Schichten des Luftkreises. Alles verkündigt eine Welt thätiger, organischer Kräfte. In jedem Strauche, in der gespaltenen Rinde des Baumes, in der von Hymenoptern bewohnten, aufgelockerten Erde regt sich hörbar das Leben. Es ist wie eine der vielen Stimmen der Natur, vernehmbar dem frommen, empfänglichen Gemüthe des Menschen.

3 Medien

Die Erfahrung der Fremde ist nie unmittelbar, sondern immer vermittelt. Sie wird geleitet durch Diskurse, bestimmt durch Dispositive, bedingt durch Apparaturen. Bereits in klassischen naturgeschichtlichen Forschungsreisen wurde die eigene Wahrnehmung durch Instrumente und Messgeräte ergänzt und erweitert (Thermometer, Barometer, Chronometer, Cyanometer). Technische Medien, seien es historische (Fernrohr, Guckkästen, Diorama, Panorama) oder heutige (Fotos, Filme, Smartphone-Aufnahmen, Internet-Beiträge), filtern die Wahrnehmung und mit ihr die Emotionen des Reisens – während einer Expedition, aber auch schon bei ihrer Vorbereitung und anschließend bei ihrer Vermittlung.[1]

Denn Autoren greifen auch bei der Dokumentation ihrer Reise auf Medien zurück: auf Zeichnungen, Fotos, Videos, Diagramme oder Karten. Die Darstellung eines Feldaufenthalts ist ebenso medial wie seine Erfahrung. Und sie wird selten ausschließlich in Textform vermittelt, sie ist nicht mono-, sondern inter- oder sogar multimedial.

Wie bedingt der Einsatz von Medien die Möglichkeit affektiven Erlebens – zuerst der Autoren und dann der Leser? Gilt die einfache Grundregel: je mehr Instrumente, desto weniger Emotionen? Und wie ist der Einsatz von Medien, wie er in einem Text beschrieben oder umgesetzt wird, auf die dokumentierten Emotionen der Forscher zu beziehen? Verdecken oder verstärken sie die emotionale Dimension der Wissenschaft und der Feldforschung? In der Visuellen Anthropologie werden zum Beispiel Kameras als (affektive) Instrumente diskutiert, die Distanz schaffen und Macht ausstellen, andererseits im *Collaborative Filmmaking* wiederum emotionale Nähe herstellen und den Rezipienten affizieren können.[2]

Abbildung 18: Cyanometer (um 1800): ein Farbfächer zur Messung der Himmelsbläue

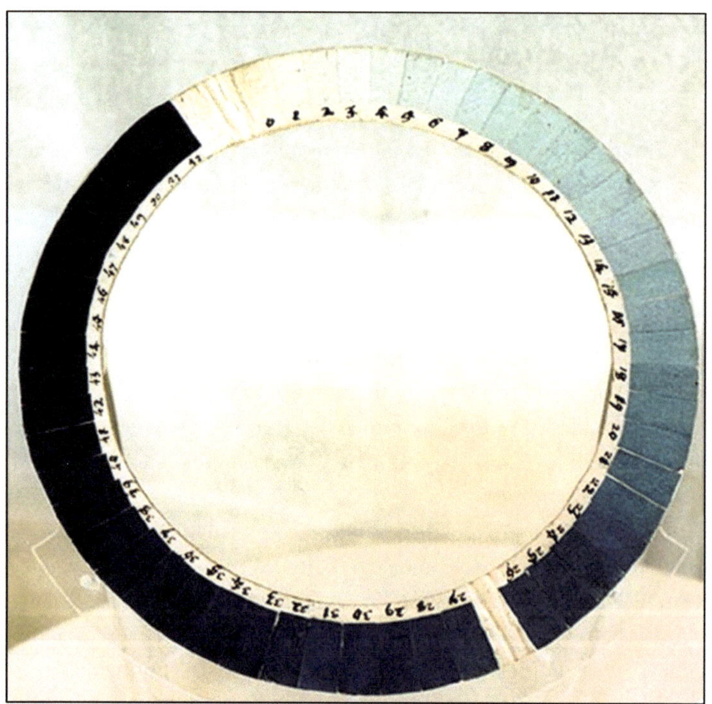

Abbildung 19: Historische Messinstrumente als Medien des Reisens: Quadrant, Chronometer, Teleskop, Sextanten, Inklinatorium, Barometer

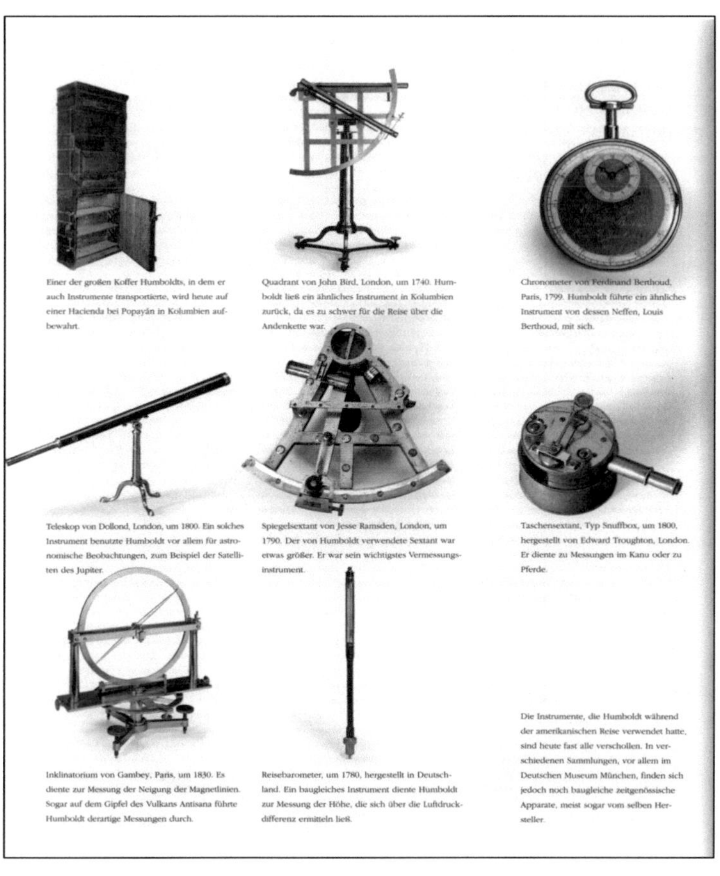

4 Genres

Im Hinblick auf einen Text als Ganzes ist, poetologisch, zu fragen, wie die gewählten literarischen Formen die verhandelte Erfahrung *formatieren*. Die verwendeten Darstellungsmedien (Text, Bild, Karte), Genera (Tagebuch, Reisebericht, Memoiren, Essay), Subformate (Gattungswechsel, Montage von Dokumenten, z. B. Briefen oder Tagebuchmaterial) sowie Paratexte (z. B. Titel und Untertitel, Widmung, Vorworte, Klappentext) haben kulturelle Implikationen und kognitive Funktionen, sie verraten die Haltung der Verfasser zu ihrem Gegenstand, und sie steuern die Leserpsychologie. Etablierte Gattungen sind kulturelle Skripte, die gewisse Annahmen ihrer Leser und einen spezifischen Umgang mit den Affekten ihrer Figuren nahelegen. Gattungen haben bestimmte Affektpoetiken und begünstigen den Ausdruck entsprechender Emotionen.[1] Das gilt nicht nur für literarische Gattungen wie Tragödie oder Komödie, Elegie, Satire oder Melodrama, sondern auch für die faktualen Narrative der Historiographie[2] sowie für die Textsorten, die eine Feldforschung beschreiben. Die Frage, ob ein Autor die Form des Tagebuchs, der Reisebriefe oder des Feldforschungsberichts, die freiere Form des Essays, die strengere des Sachbuchs oder die prägnante des Aufsatzes wählt, ob er seine Erfahrungen unmittelbar aufzeichnet oder aus der Distanz als Erinnerungen veröffentlicht, sagt etwas darüber aus, wie er mit den zu verhandelnden Emotionen umzugehen gedenkt, in welchem Maß sie überhaupt zugelassen werden sollen oder können und welche dabei besonders zur Geltung kommen werden. In jedem Fall ist zu fragen: Wie hängen die generischen Merkmale des Textes und die verhandelten Affekte miteinander zusammen? Wie bedingen die literarischen Formate den wissenschaftlichen und den emotionalen Diskurs?

Dabei geht es nicht nur um einzelne Genres als geschlossene Formen. Ein Text kann Elemente verschiedener Gattungen enthalten, Merkmale unterschiedlicher Formen können einander ergänzen oder auch miteinander rivalisieren. Die Frage ist in jedem Fall: Wie entspricht die Homo- oder Heterogenität der Form der Emotionalität des Inhalts? Welche affektive Färbung haben bzw. erzeugen die verwendeten Gattungsmerkmale?

Wenn beispielsweise der Text *My Years in Germany* (1939) der US-Amerikanerin Martha Dodd, die sich vier Jahre im nationalsozialistischen Deutschland aufhielt, viermal die Gattung wechselt, indem er als Reisebericht beginnt, der begeistert die Exotik des fremden Landes beschreibt, dann in einen Bildungsroman übergeht, der die spannungsvolle Entwicklung der Beobachterin nachvollzieht, um diese in einer Serie von Portraits mit den faszinierenden und abstoßenden Profilen von Informanten und Korrespondenten zu vergleichen, dann als Sachbuch eine nüchterne Analyse der totalitären Gesellschaft leistet, die schließlich in ein leidenschaftliches Manifest mündet, das dazu aufruft, Hitler entschieden entgegenzutreten, ehe dieser sein Programm der Vernichtung der Juden verwirklichen kann, so entsprechen diese generischen Transformationen der komplexen emotionalen Erfahrung der Autorin: von naiver Sympathie über widersprüchliche Empfindungen zu erbitterter Gegnerschaft.[3]

Gattungsmerkmale können indes auch strategisch fabriziert sein. So kann ein publiziertes Feldtagebuch den Eindruck von Authentizität durchaus formal vortäuschen. Faktualitätssignale können fingiert werden – sei es beim Schreiben selbst oder bei der Bearbeitung der Aufzeichnungen zur Publikation. So hat der bekannte US-amerikanische Korrespondent William Shirer sein *Berlin Diary* der Jahre 1934 bis 1940 zum Teil erst nachträglich mit Eigenschaften versehen, die dessen Status als Dokument eines Augen- und Zeitzeugen beglaubigen sollten: mit Datierungen, scheinbar spontanen Zusätzen (»later«) und einem elliptischen diaristischen Stil, der die Rastlosigkeit oder Erregung des Augenzeugen simuliert, sowie mit editorischen Fußnoten, die den Text als allenfalls punktuell bearbeitetes, aber im übrigen *tel quel* dokumentiertes Original-Zeugnis ausweisen sollen.[4]

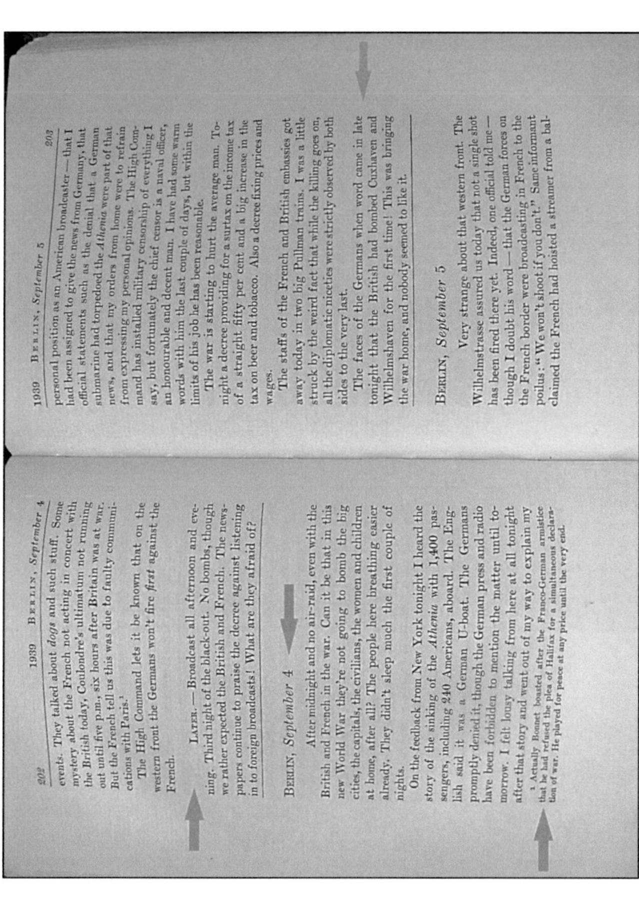

202 1939 BERLIN, *September 4*

events. They talked about *dogs* and such stuff. Some mystery about the French not acting in concert with the British today, Coulondre's ultimatum not running out until five p.m., six hours after Britain was at war. But the French tell us this was due to faulty communications with Paris.[1]

The High Command lets it be known that on the western front the Germans won't fire *first* against the French.

LATER. — Broadcast all afternoon and evening. Third night of the black-out. No bombs, though we rather expected the British and French. The newspapers continue to praise the decree against listening in to foreign broadcasts! What are they afraid of?

BERLIN, *September 4*

After midnight and no air-raid, even with the British and French in the war. Can it be that in this new World War they're not going to bomb the big cities, the capitals, the civilians, the women and children at home, after all? The people here breathing easier already. They didn't sleep much the first couple of nights.

On the feedback from New York tonight I heard the story of the sinking of the *Athenia* with 1,400 passengers, including 240 Americans, aboard. The English said it was a German U-boat. The Germans promptly denied it, though the German press and radio have been forbidden to mention the matter until tomorrow. I felt lousy talking from here at all tonight after that story and went out of my way to explain my

[1] Actually Bonnet boasted after the Franco-German armistice that he had refused the plea of Halifax for a simultaneous declaration of war. He played for peace at any price until the very end.

1939 BERLIN, *September 5* 203

personal position as an American broadcaster — that I had been assigned to give the news from Germany, that official statements such as the denial that a German submarine had torpedoed the *Athenia* were part of that news, and that my orders from home were to refrain from expressing my personal opinions. The High Command has installed military censorship of everything I say, but fortunately the chief censor is a naval officer, an honourable and decent man. I have had some warm words with him the last couple of days, but within the limits of his job he has been reasonable.

The war is starting to hurt the average man. To-night a decree providing for a surtax on the income tax of a straight fifty per cent and a big increase in the tax on beer and tobacco. Also a decree fixing prices and wages.

The staffs of the French and British embassies got away today in two big Pullman trains. I was a little struck by the weird fact that while the killing goes on, all the diplomatic niceties were strictly observed by both sides to the very last.

The faces of the Germans when word came in late tonight that the British had bombed Cuxhaven and Wilhelmshaven for the first time! This was bringing the war home, and nobody seemed to like it.

BERLIN, *September 5*

Very strange about that western front. The Wilhelmstrasse assured us today that not a single shot has been fired there yet. Indeed, one official told me — though I doubt his word — that the German forces on the French border were broadcasting in French to the poilus: "We won't shoot if you don't." Same informant claimed the French had hoisted a streamer from a bal-

Abbildung 20: Fabrizierte Authentizität in der Diaristik: William Shirers Berlin Diary *(1941)*

5 Räume

Erzählungen und Emotionen ereignen sich jeweils an Schauplätzen – in der Topographie eines erzählten, symbolisch lesbaren Raumes. Spätestens seit ihrem sogenannten *spatial turn*[1] interessieren sich die Kulturwissenschaften für die Bedeutung von Orten und Räumen in der Literatur.[2] Franco Moretti entwarf in seinem *Atlas of the European Novel* (1998)[3] Schaubilder etwa für konzentrische Dorfgeschichten oder polare Stadtromane. Die Figuren von Balzacs Paris-Romanen zum Beispiel agieren, wie Moretti gezeigt hat, auf einer sozial codierten Landkarte des Begehrens: Die männlichen Protagonisten und ihre weiblichen ›objects of desire‹ leben auf unterschiedlichen Seiten der Seine.[4]

In Reiseliteratur und Ethnographe haben sich kulturell dominante Vorstellungen von der affektiven Konnotation bestimmter Räume herausgebildet (Schiff, Hafen, Hotel, Strand, Dorf, Slum, Büro). Diese können durch die individuelle Gestaltung in einem Text übernommen oder verändert werden.

Eine besondere affektive Bedeutung haben sogenannte ›Andere Orte‹ bzw. ›Nicht-Orte‹, die aus der Kontinuität unserer Alltagserfahrung herauszufallen scheinen oder Grenzbereiche bilden, in denen die eigene Identität herausgefordert wird. *Heterotopien* (nach Michel Foucault)[5] sind Gegenorte mit geregeltem Zugang und eigenen Gesetzen, die häufig Extremsituationen schaffen (Krankenhaus, Psychiatrie, Gefängnis, Kaserne, Altersheim); *non-lieux* (nach Marc Augé)[6] sind gleichförmig gestaltete Räume die jede Geschichte und den Bezug zu lokalen Gegebenheiten ausblenden und mono-funktional für temporäre Aufenthalte im Transit dienen (Autobahn, Flughafen, *Mall*).

Wo ein Geschehen sich abspielt, ist auch in der Feldforschung affektiv von Bedeutung. Zusammen bilden die Orte und Räume einer *Ethno*graphie symbolische *Topo*graphien, die aus dem Text zu rekonstruieren sind. Die Handlung bzw. die Erzählung, die sich innerhalb solcher symbolischer Topographien bewegt, hat ihrerseits eine räumliche Logik. So lassen sich die Bewegungen eines Feldforschers durch symbolische Bereiche mit Jurij Lotmans Raumsemantik beschreiben: von der Heimat über die Grenze in die Fremde, in einer Dramaturgie von Aufbruch, Aufenthalt und Rückkehr.[7] Die Bewegung des Feldforschers kann indes die Dramaturgie nicht nur von Abreise und Heimkehr, sondern auch einer zunehmenden Entfernung annehmen, eines Hin und Her zwischen mehreren Teilwelten oder sogar einer Verirrung. Die Räume können binär organisiert sein (das ›Eigene‹ und das ›Fremde‹) oder triangulär (das ›Eigene‹, das ›Fremde‹ und der Ethnologe, als *go-between*, in einem Zwischenbereich), konzentrisch (von einem eigenen Ausgangspunkt, von dem aus Exkursionen unternommen werden, erscheint das ›Fremde‹ mit zunehmender Entfernung zusehends fremder) polyzentrisch oder azentrisch (es gibt keine klare Ordnung mehr, sondern nur noch Unübersichtlichkeit). Wie verhält sich jeweils die Bewegung im räumlichen zur Bewegung im emotionalen Sinn (*movere*)?

Bereits das bloße Verhältnis von Statik und Mobilität bzw. deren Wechselspiel kann Informationen liefern über die Voraussetzung emotionalen Erlebens. Fühlen ortsgebundene Forscher anders, als wenn sie in einer *multi-sited ethnography*[8] unentwegt unterwegs sind?

Die emotionale Geographie eines Reisetextes mit seinen Räumen und Bewegungen lässt sich auf unterschiedliche Weisen graphisch darstellen, sei es durch Einträge auf realen Landkarten oder Stadtplänen oder als abstrahiertes Diagramm. Und sie findet sich, wie etwa bei dem Schweizer Sozialanthropologen Bruno Manser[9], z. T. bereits graphisch umgesetzt in den Aufzeichnungen der Reisenden selbst.

Abbildung 21: Zeichnung in Bruno Mansers Feldtagebuch

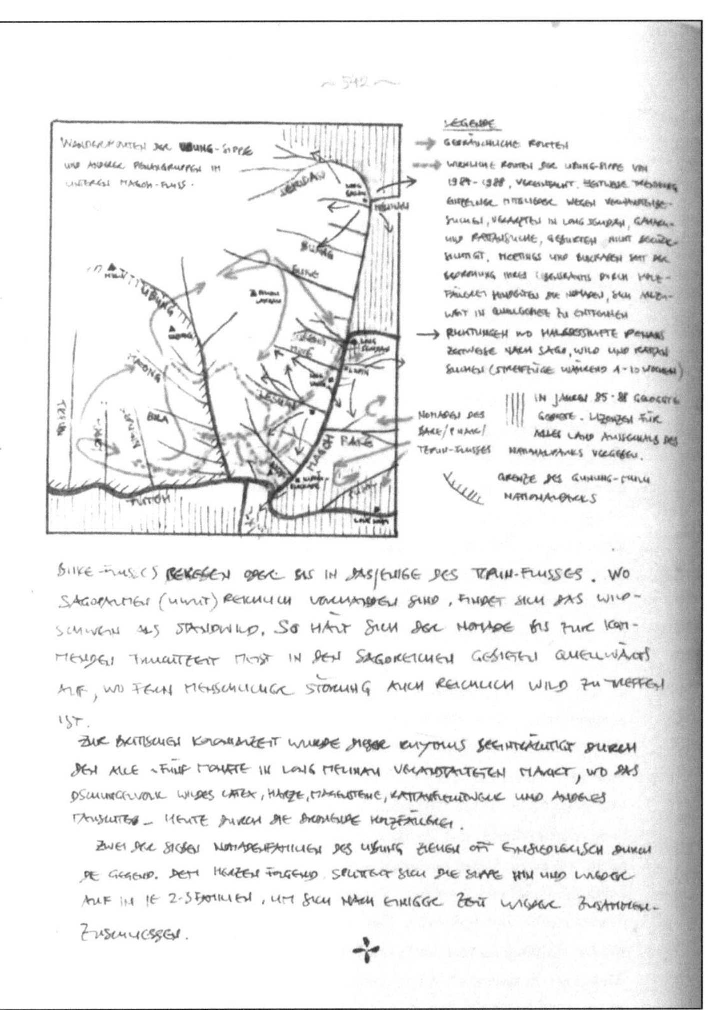

6 Dramaturgie

Welche Rolle spielen die Emotionen im *Verlauf* eines Textes? Verschiedene Modelle aus der Poetik und Rhetorik sind vorbildhaft und verbindlich geworden.

Die Poetik der antiken Tragödie (Aristoteles) hat eine durchdachte Dramaturgie der Affekte entworfen, die kulturell maßgeblich wurde. Sie geht davon aus, dass keineswegs die schrecklichste Handlung am wirksamsten ist, sondern vielmehr jene einer ganz bestimmten Ökonomie. In einer dilemmatischen Situation führt der Held durch einen Fehler (*hamartía*) seinen Umschwung vom Glück ins Unglück herbei. Diese Handlung löst bei den Zuschauern zwei Reaktionen aus, Schauder (*éleos*) und Furcht (*phóbos*). Diese emotionale Erfahrung führt zu einer Reinigung (*kátharsis*) »solcher« bzw. »von solchen« Leidenschaften (je nach Auffassung des griechischen Genitivs).[1] Aristoteles dekliniert in seiner *Poetik* eine Typologie verschiedener Kategorien von Protagonisten (gut, schlecht, normal) und Glücksumschwüngen (aufwärts, abwärts) durch, um diese Idealform herauszuarbeiten. Für eine Komödie läßt sich eine gegenläufige Affekt-Dramaturgie beschreiben, die in der Regel von Verwirrung zu Versöhnung (und zur Heirat) führt.

Die Affektsteuerung kann im Theater der Renaissance oder im modernen Drama anders funktionieren als in der klassischen Tragödie. In Shakespeares *Merchant of Venice* beispielsweise ist zu beobachten, wie der Text die Leser oder Zuschauer im Verhältnis zur jüdischen

Hauptfigur, Shylock, zwischen gegensätzlichen Reaktionen hin und her steuert, die insgesamt die Form einer siebenfachen Kurvenbewegung zwischen Antipathie und Empathie annehmen, und zwar mit zunehmender Amplitude.[2]

Die Rhetorik empfiehlt für den Aufbau einer Rede (*dispositio*) ein eigenes Muster, das sich empirisch bewährt hat: von der *captatio benevolentiae* über die sachliche Darlegung der Angelegenheit bis zu einem aufregenden Schluss. Der tatsächliche Affektverlauf bei den Adressaten kann heute systematisch erhoben werden – behavioral, peripherphysiologisch oder sogar neuronal. So wurden für Barack Obamas ›Acceptance Speech‹ aus dem Jahr 2008 die Verläufe der vier klassischen rhetorischen Wirkungen (*movere*, *delectare*, *conciliare*, *docere*) und der Effekt der Einprägung (*memoria*) gemessen.[3]

Die Beschreibung von Affektszenarien lässt sich von der Makro-Dramaturgie eines ganzen Werkes auf die Mikro-Dramaturgie einzelner Szenen übertragen.[4] Auch sie können kulturell vorgeprägt sein und typische Muster bilden. (Zum Beispiel Szenen der Wiedererkennung, *Anagnorisis*.) Die Kognitionspsychologie spricht von ›Affektskripten‹.[5]

Für die Lektüre von Feldforschungsberichten ergibt sich die Frage, welche der kulturell dominanten, überlieferten Affekt-Muster in ihnen, möglicherweise subliminal, wirksam werden (z. B. die uralte Struktur der *Quest*), welche Verläufe sie individuell ausgebildet haben (z. B. den Befund einer Enttäuschung, *Tristes Tropiques*) und welche Regelmäßigkeiten sich in Ethnographien und Primatographien herausstellen. So sind für die Ethnographie typische Situationen wie die Ankunft oder der Abschied aus dem Feld als Affektszenarien zu analysieren; ebenso wie für die Primatographie die Szenen der Erstberührung mit den Affen oder die Trauer über deren Tod.[6]

Abbildung 22: Reaktionskurve für Shakespeares Merchant of Venice

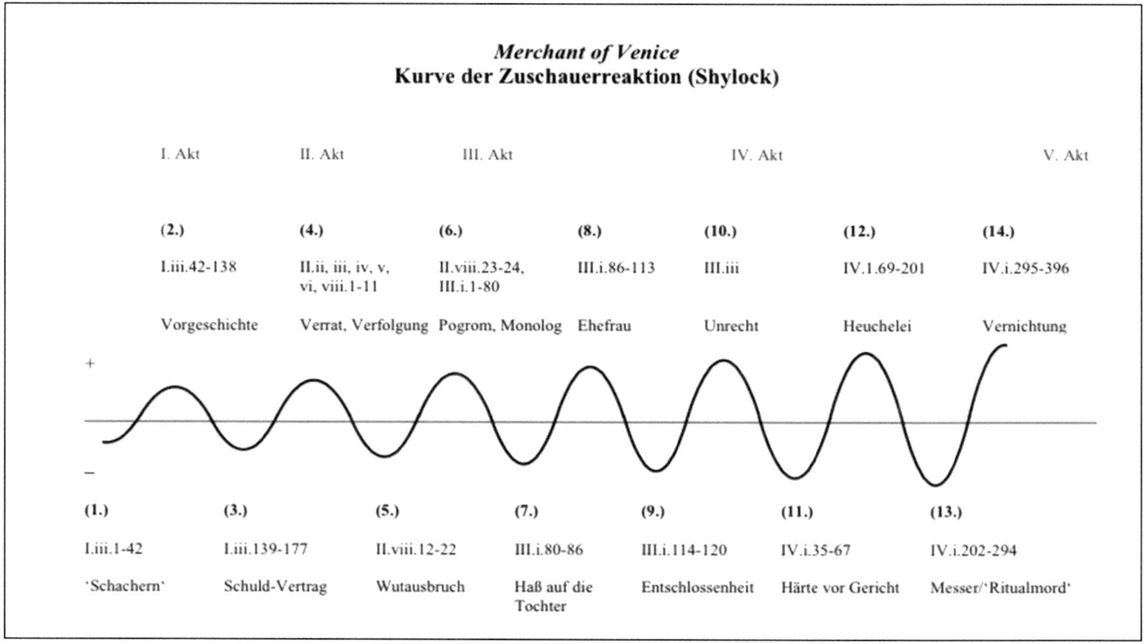

Merchant of Venice
Kurve der Zuschauerreaktion (Shylock)

I. Akt
II. Akt
III. Akt
IV. Akt
V. Akt

(2.) I.iii.42-138 Vorgeschichte
(4.) II.ii, iii, iv, v, vi, viii.1-11 Verrat, Verfolgung
(6.) II.viii.23-24, III.i.1-80 Pogrom, Monolog
(8.) III.i.86-113 Ehefrau
(10.) III.iii Unrecht
(12.) IV.1.69-201 Heuchelei
(14.) IV.i.295-396 Vernichtung

\+
–

(1.) I.iii.1-42 'Schachern'
(3.) I.iii.139-177 Schuld-Vertrag
(5.) II.viii.12-22 Wutausbruch
(7.) III.i.80-86 Haß auf die Tochter
(9.) III.i.114-120 Entschlossenheit
(11.) IV.i.35-67 Härte vor Gericht
(13.) IV.i.202-294 Messer/'Ritualmord'

Abbildung 23: Reaktionskurve für eine Rede von Barack Obama

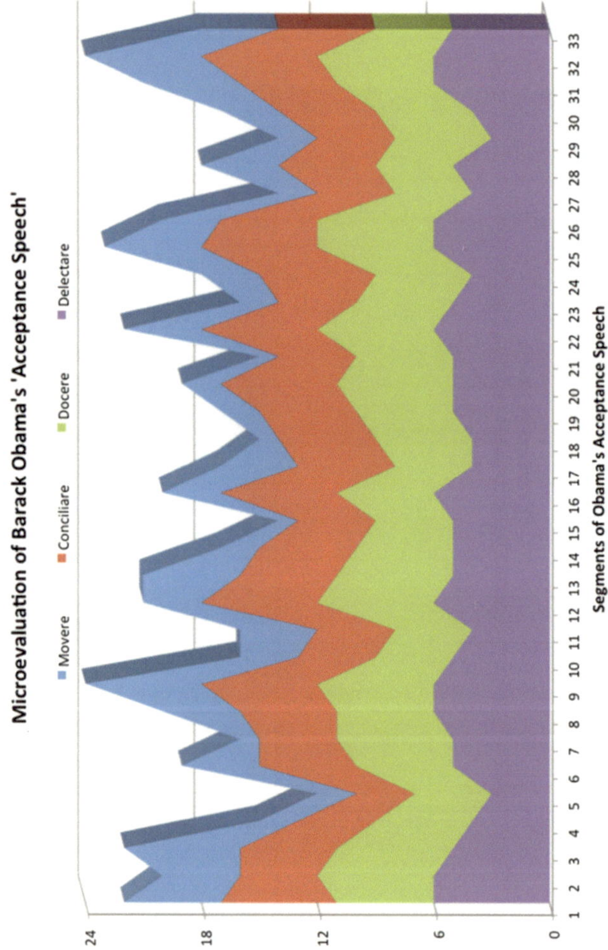

7 Erzählverfahren

Wie etwas – formal, technisch – erzählt wird, hat immer auch Auswirkungen auf die Gestaltung der erzählten Emotionen – bzw. auf die Vermeidung der nicht-erzählten.

Bereits linguistische und grammatische Merkmale können affektiv gedeutet werden: etwa das Tempus (z. B. Präsens als Dringlichkeits-Form) oder das Genus Verbi (z. B. Passiv zur Entpersönlichung) sowie generell die Sprache (z. B. Französisch oder Englisch als Wissenschaftssprache, Latein oder Latinismen als Distanzierungsmittel[1]).

Die Erzählforschung unterscheidet eine Reihe von Kategorien, die für die Darstellung von Emotionen bzw. für die Möglichkeit ihrer Darstellung relevant sind: die Perspektive der Erzählerinstanz, interne oder externe Fokalisierung, auktoriale oder personale, extra- oder intradiegetische Wertung, Linearität oder Anachronie, Ein- oder Mehrstimmigkeit, explizite oder implizite Adressaten. Insbesondere die Konstruktion des Beobachters (in der ersten oder dritten Person, hetero-, homo- oder autodiegetisch, im Präsens oder im Präteritum), mögliche Wechsel der Perspektive, monologische oder polyphone Darstellung bedingen das emotionale Verhältnis des Erzählers und der Leser zur erzählten Handlung und zu den erzählten Fremden.

Sind Zentralperspektive, Monolog und Linearität Anzeichen eines eurozentrischen Diskurses bzw. einer egozentrischen und autoritären Ethnographie? Ist dagegen die Diversität der Subjekte, Stimmen, Formen und Adressaten ein Indiz für die Offenheit der ethnographischen

Haltung?[2] Und gälte das Gleiche für das mögliche Affektspektrum? Ist eine *multivokale* Ethnographie offener für die Darstellung und Reflexion der Affekte als eine klassisch auktoriale Form?[3]

8 Rhetorik

Die bewährteste Theorie des affektiv wirksamen Sprechens und Schreibens und das elaborierteste System zur Beschreibung emotionaler und emotionalisierender Sprache ist die antike Rhetorik.

Die Rhetorik hat, wie bereits dargelegt, Devisen zur Gliederung als Mittel der Emotionalisierung entwickelt, eben z. B. die, dass der Redner die Sympathien der Zuhörer am Anfang zu gewinnen hat und ihre Emotionen am Ende der Rede steigern soll. Hinzu kommen punktuelle Techniken, um Affekte auszudrücken, auszulösen oder anzutäuschen: durch Adressierung (Erotesis, Hypophora, Apostrophe), positive oder negative Sympathielenkungen (*conciliare*, Pejoration), den Einsatz von Figuren und Tropen sowie allerlei performative Tricks (Modulation der Stimme, Betonungen, Lautstärke) und nicht zuletzt Pathosformeln der Gestik und Mimik.[1]

Welchen Aufschluss gibt, unterhalb der Affekt-Dramaturgie einer ganzen Rede oder eines kompletten Textes, der Gebrauch der rhetorischen Stilmittel? Die klassische Rhetorik (Gorgias, Aristoteles; Cicero, Quintilian) unterscheidet eine Vielzahl von Tropen und Figuren, d. h. Verfahren übertragener Rede und rednerischer Gestaltung.[2] Sie dienen dazu, die Worte des Redners in fünf Hinsichten wirksamer zu machen: belehrender (*docere*, griechisch: *lógos*), bewegender (*movere*, griechisch: *páthos*), einnehmender (*conciliare*, griechisch: *éthos*), angenehmer (*delectare*) und eingängiger (*memoria*) und damit insgesamt überzeugender (*persuadere*). Die Mehrzahl dieser Wirkungen ist affektiver Natur (*movere, conciliare, delectare*).[3]

In diesem Sinn würden bereits die Häufigkeit, die Verteilung, die Dichte rhetorischer Stilmittel mit der Intensität der affektiven Wirkungen oder zumindest der Wirkungs*absichten* korrelieren – oder auch mit der (echten oder gespielten) Bewegtheit des Redners bzw. des Erzählers oder des Schreibenden.

Meisterhafte Reden haben häufig eine besonders dichte Figuralität. Nicht selten lassen sich ohne weiteres 250 formale Figuren in einem 15- bis 20-seitigen Text eines versierten Rhetors identifizieren. Das sind im Durchschnitt alle zehn Sekunden der vorgetragenen Rede ein rhetorisches Mittel allein dieser Art. Das Finale von Barack Obamas ›Acceptance Speech‹ aus dem Jahr 2008 z. B. ist ein *Crescendo* kunstvoll eingesetzter Alliterationen, Anaphern und Polysyndeta.

»The times **are too** serious, the stakes **are too** high for this same partisan playbook. So let us agree that patriotism has no party. I love this country, **and so** do you, **and so** does John McCain. The men and women who serve in our battlefields may be Democrats **and** Republicans **and** Independents, but they have fought **together**, **and** bled **together**, **and** some died **together** under the same proud flag. [...] America, we cannot turn back. – **Not with so** much work **to** be done; **not with so** many children **to** educate, and **so** many veterans **to** care for; **not with** an economy **to** fix, **and** cities **to** rebuild, **and** farms **to** save; **not with so** many families **to** protect and **so** many lives **to** mend.«

Dichte und Frequenz, Art und Angemessenheit der Stilmittel bedingen die affektiven Wirkungen einer Rede, aber auch eines ethnographischen Textes. Nicht nur die Quantität ist ausschlaggebend. *Bestimmte* Tropen (Metaphern, Hyperbeln) und Figuren (Ellipsen, Aposiopesen, *Exclamationes*, *Concessiones*, Hyperbeln) sind eher als andere als Affektzeichen zu verstehen, sei es als bewusst gewählte Gestaltungsmittel oder als unbewusster oder ungewollter Ausdruck von Erregungszuständen. Sie lassen sich in der Sprache erregter Sprecher im Alltag feststellen, und sie haben eine affizierende Wirkung auf die Rezipienten.[4]

Rhetorische Stilmittel können individuell identifiziert und qualitativ interpretiert oder sie können quantitativ erfasst und in ihrer Verteilung analysiert werden. Ihre Effekte sind mit neueren Methoden der empirischen Psychologie und der experimentellen Neurowissenschaft sogar *live* oder im Labor zu erforschen – sei es am Original eines Zeugnisses oder in differentieller Manipulation, d. h. indem bestimmte Merkmale isoliert und zu experimentellen Zwecken systematisch verändert werden.[5] In allen diesen Hinsichten ist die klassische Rhetorik ein probates Instrumentarium zur Analyse der emotionalen Dimension auch von Feldforschungstexten.

9 Sprachbilder

Einzelne Texte oder auch größere Corpora können also nach ausgewählten rhetorischen Parametern ausgewertet werden – etwa nach bestimmten Figuren oder Gruppen von Figuren, deren Funktion im besonderen darin besteht, die affektiven Effekte zu steigern, und deren Verteilung entsprechende Dynamiken aufweist.

Das wohl prominenteste rhetorische Mittel, die Wirkungen einer Rede oder eines Textes zu erhöhen, sind Metaphern. Metaphern, oder allgemeiner: Tropen der Übertragung,[1] machen Komplexes anschaulich und damit begreiflich. Wir denken in Sprachbildern.[2] Diese sind kulturell vermittelt. Die Geschichte unseres Denkens verläuft in metaphorischen Traditionen.[3] Rhetorisch gelten Metaphern als besonders geeignetes Mittel, Affekte auszulösen und durchaus physisch auf die Adressaten einzuwirken. Was uns bildhaft vor Augen tritt, berührt und bewegt uns um so stärker.

Als übertragene, uneigentliche Rede leisten Tropen ein sprachliches Fremdheits-Management. Gemeintes wird durch Gesagtes vertreten, Kompliziertes durch Konkretes vermittelt, ein ›Bildspender‹ mit einem ›Bildempfänger‹ verknüpft. Der Abstand zwischen beiden darf weder zu klein noch zu groß, die Metapher weder trivial noch unverständlich sein. In seiner Konzeptualisierung der Metaphern bediente sich Aristoteles der eigentümlichen Kategorie des *xenikón*, des »Fremden«.[4] Metaphern bewältigen das Fremde, indem sie eine Übertragung leisten. Sie sind gleichsam *die* Trope der Ethnographie.

Welcher Art nun die Metaphern sind, die z. B. in einem Feldtagebuch auftauchen, sagt auch etwas aus über den Bewältigungsbedarf und über die Strategie der Bewältigungsversuche. Die Aussichten, ein widriges Ereignis, das in eine Metapher übersetzt wird, verarbeiten zu können (z. B. eine Krise im Feld als »Zusammenbruch« oder als »Abgrund«), werden in der Metapher jeweils angedeutet. Ein bestimmtes *coping potential* ist ihnen stets eingeschrieben.

Eine in höchstem Maß fremde und gefahrvolle Erfahrung im ›Feld‹, die ihrerseits in Ethnographien dargestellt wird, ist der Krieg.[5] Zahlreiche Teilnehmer versuchten, mit ihrem Erleben umzugehen, indem sie es aufschrieben. Eines der bekanntesten Zeugnisse ist Ernst Jüngers literarisiertes »Kriegstagebuch«, *In Stahlgewittern* (1920). Sein augenfälligstes Verfahren, das bereits der Titel ankündigt, ist die vielfache Metaphorisierung (»Stahl-Gewitter«: der Krieg als Naturereignis, der Krieg als industrieller Produktionsprozess). Das Buch enthält Tausende von Sprachbildern, die sich in 32 Codes und 4 Felder unterscheiden lassen.[6]

Sprachbilder haben die Funktion, das unerhörte Erlebnis in vertraute Zusammenhänge zu übertragen und so fasslich zu machen. Sie stellen Deutungsversuche dar, die in sich ambivalent sein können und miteinander durchaus nicht übereinstimmen müssen. Einen Kampf als Ereignis im Tierreich zu beschreiben, ist sozialdarwinistisch zu verstehen, aber auch als Element einer Antikriegs-Literatur. Ihn als sportlichen Wettbewerb aufzufassen, bedeutet, dass es immerhin Regeln gibt und der Gegner respektiert werden muss. Sprachbilder erzeugen stets einen Überschuss an Bedeutungen. Sie haben Implikationen, die wir entschlüsseln müssen – und auf die wir emotional reagieren.

Eine quantitative Erfassung zeigt, dass die Frequenz der Sprachbilder im Feldtagebuch variiert. Mit der Intensität des beschriebenen Kampfgeschehens nimmt sie zu, in ruhigeren Passagen im Hinterland nimmt sie ab. Und nach einem *shell shock* setzt sie zeitweise aus.[7] Die *Heraus*forderung sollen Metaphern bewältigen. In der *Über*forderung jedoch versagt ihre Schutzfunktion.

Abbildung 24: Die Sprachbilder des Krieges in Ernst Jüngers In Stahlgewittern *(1920)*

Natur	**Praxis**	**Kultur**	**Person**
(1) Kosmos	(6) Jagd	(14) Religion	(28) Subjekt
(2) Wetter	(7) Viehzucht	(15) Ritual	(29) Essen
(3) See	(8) Ackerbau	(16) Fest	(30) Sex
(4) Land	(9) Handwerk	(17) Theater	(31) Gespräch
(5) Tiere	(10) Bergbau	(18) Musik	(32) Cyborg
	(11) Industrie	(19) Tanz	
	(12) Arbeit	(20) Literatur	
	(13) Ökonomie	(21) Kunst	
		(22) Malerei	
		(23) Architektur	
		(24) Sport	
		(25) Spiel	
		(26) Schule	
		(27) Zivilleben	

Zur digitalen Erfassung von Metaphern in Texten (oder auch von Figuren oder anderen rhetorischen Merkmalen) eignet sich spezialisierte Codierungs-Software, z. B. das Programm *Maxqda*. Am digitalen Text können mit ihrer Hilfe die Sprachbilder indiziert und klassifiziert werden, um dann die Häufigkeit und Abfolge oder die Verteilung bestimmter Gruppen abzubilden.

In einer sozial- und literaturwissenschaftlichen Studie über »Emotionen in Wirtschaftskrisen« wurden für ein Jahr, 2008–2009, Artikel der Zeitschrift DER SPIEGEL und Reden des deutschen Finanzministers Peer Steinbrück miteinander verglichen, um anhand von Tausenden codierter Metaphern (»Kernschmelze«, »Sturm«, »Schiffbruch« usw.) den Wandel der in ihnen angelegten Deutungsmuster (höhere Gewalt, Schuld der Banken, Lebensgefahr) und der affektiven Reaktionen (Angst oder Wut) im öffentlichen Diskurs nachzuvollziehen, der die Emotionen der Wahlbevölkerung ebenso wie der wirtschaftlichen

Akteure beeinflusst und deshalb politische und realwirtschaftliche Konsequenzen hat.[8]

Die Codierung der Sprachbilder lässt sich für einzelne Texte visualisieren, so dass deren Bildstruktur auf einen Blick vor Augen tritt, z. B. als Farbmuster mit mehr oder weniger hoher Frequenz der Registerwechsel. Mit diesen Verfahren der Klassifikation und der Visualisierung kann auch die Sequenz der Metaphern in Feldtagebüchern abgebildet und zum Verlauf der Felderfahrung oder beispielsweise zu entscheidenden Emotionsepisoden in Beziehung gesetzt werden.

Abbildung 25: Sprachbilder als Farbcodes

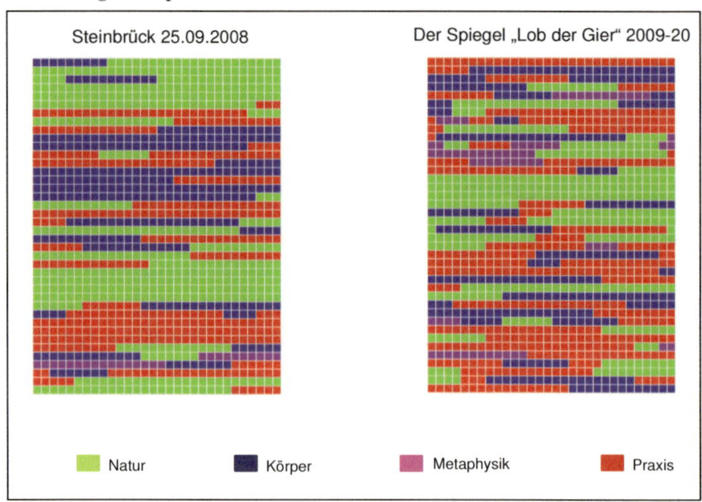

Abbildung 26: Maxqda-Codierung von Metaphern

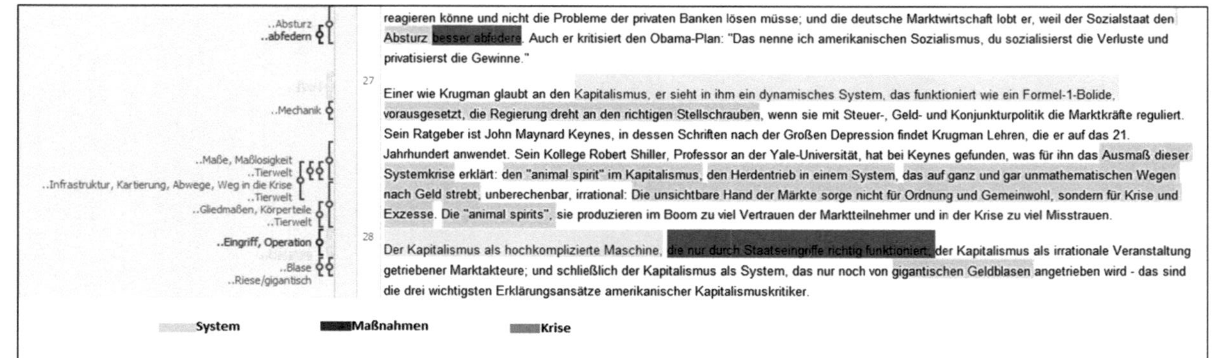

10 Affektvokabular

Eine neuere *Encyclopedia of Feeling* verzeichnet Einträge zu 156 Begriffen: »apathy«, »bewilderment«, »claustrophobia« etc.[1] Welche Emotionswörter in einem Text auftauchen und wie sie verteilt sind, verrät einiges über dessen emotionale Signatur und Dramaturgie. Die Verwendung expliziter Emotionswörter bildet gleichsam die Oberfläche einer ausdrücklichen Affektsprache, die sich taxonomisch und statistisch beschreiben lässt.

Verschiedene Emotionsdiktionäre haben das einschlägige Vokabular einer Sprache systematisch zu erfassen und zu gruppieren versucht: das *Affektive Diktionär Ulm* (ADU),[2] der *Geneva Affect Label Coder* (GALC),[3] die *General Architecture for Text Engineering* (GATE)[4] und weitere. (Die Verfahren automatischer Wort-Identifikation und -Codierung haben jedoch auch ihre Grenzen. So können Negationen nur bedingt und Ironie gar nicht berücksichtigt werden.[5])

Ein Auszug aus dem *Affektiven Diktionär Ulm* von Hartwig Dahl und Michael Hölzer kann die Struktur eines Emotionsdiktionärs veranschaulichen.

Abbildung 27: Affektives Diktionär Ulm

A

4a Abenteuerlust
4a abenteuerlustig
5 abfällig
6 Abfuhr
7a abgekapselt
3a Abgeklärtheit
6 abgelehnt
8b Abgelehnt_Werden
8b Abgelehntsein
5 abgeneigt
7a abgeschlafft
8b Abgeschoben_Werden
7a abgespannt
7a abgestumpft
7a Abgestumpftheit
6 abgewiesen
8b Abgewiesensein
6 abhängig
6 Abhängigkeit
6 Abhängigkeitsgefühl
6 Abhängigsein
6 Abhaugelüste
7a Abkapselung
6 ablehnend
6 Ablehnung
5 Abneigung
6 abschätzig
6 Abscheu
6 abscheulich
7a Abschiedsstimmung
6 abschreckend
6 Abschreckung
6 abstoßend
6 Abstoßende
6 Abstoßung
2 abwechslungsreich
6 abweisend
6 Abweisung
1 Affenliebe
6 Affront
5 Aggression
5 Aggressionsgefühl
5 aggressiv
5 Aggressive
5 Aggressivität
4a agil
4a Agilität
4a aktiv
4a Aktivität
4a Aktivitätsstimmung
2 akzeptiert
2 Akzeptiertsein
2 Akzeptiertwerden
7a allein
7a Allein_gelassen_Werden
7a alleine
7a Alleingelassensein
7a alleingestellt
7a Alleinsein
6 allerschrecklich
8a Alpdruck
7a altersdepressiv
8a ambivalent
8a Ambivalenz
1 Amoure
8b An_die_Seite_geschoben_werden
4b anerkannt
2 Anerkennung
8a anfällig
8a Anfälligkeit
4a Anfangseuphorie
6 angegriffen
6 angekettet
3a angenehm
3a Angenehme
2 Angenommensein
2 angeregt
7a angeschlagen
7a Angeschlagenheit

Als Anwendung auf einen Feldforschungsbericht ergibt sich z. B. für Humboldts »Jagd und Kampf der electrischen Aale mit Pferden« (1807)[6] die folgende Auswertung, an der sich durch die Markierung der klassifizierten Emotionswörter in einer besonders dramatischen Szene ein mehrfacher Wechsel zwischen positiven und negativen Emotionen ablesen lässt.[7]

»Wir wollten uns hier mit den Zitteraalen beschäftigen, deren es eine unzählbare Menge in dieser Gegend giebt, im Rio Guarico, in den Cannos de Rastro, de Berito, de la Paloma und in etlichen funfzig kleinen stehenden Gewässern. Man hat mir versichert, daß man unweit Uritucu eine ehemahls sehr gangbare Straße wegen der electrischen Fische hat aufgeben müssen; sie führte durch einen Bach, und auf dem Fuhrt durch denselben **7a_ertranken_7a** jährlich mehrere Maulesel, die durch die Entladungsschläge der Zitteraale betäubt und **7a_sinnlos_7a 7a_niedergeworfen_7a** wurden.

Um unsre Versuche mit aller Genauigkeit anstellen zu können, wünschten wir, daß man uns electrische Aale in das Haus brächte, welches wir in Calobozo bewohnten. […] Es wurden Indianer zu Pferde ausgeschickt, um in den Sümpfen zu fischen; **7a_todte_7a** Zitteraale hätten wir in Menge haben können, aber eine fast kindische **6_Furcht_6** verhinderte die Eingebornen, sie **4a_lebendig_4a** fortzutragen. Wir haben uns zwar in der Folge überzeugt, daß es allerdings sehr **6_unangenehm_6** ist, es mit diesen Fischen zu thun zu haben, wenn sie noch bei ihrer ganzen **4a_Kraft_4a** sind; bei dem gemeinen Volke ist aber diese **6_Furcht_6** um so sonderbarer, da es die Meinung hat, man könne die Zitteraale ungestraft berühren, wenn man Tabak rauche. Wir hatten 10 Francs für jeden electrischen Aal geboten, den man uns **4a_lebendig_4a** bringen würde, aber es fand sich niemand, der sie verdienen wollte; auch ist das angebliche Sicherungsmittel der Indianer gegen die **5_Schläge_5** des Zitteraals ohne alle Kraft. Die **1_Liebe_1** zum **2_Wunderbaren_2** ist unter den Eingebornen dieser Gegenden so groß, daß sie häufig Sachen erzählen […], an die selbst zu glauben sie weit entfernt sind. Auch sie meinen also, der Natur noch mehr **2_Wunder_2** leihen zu müssen, als wenn die Natur nicht schon an sich selbst der Geheimnisse und des **2_Wunderbaren_2** genug hätte.

Drei Tage lang hatten wir in der Stadt Calobozo zugebracht, und nur einen einzigen electrischen Gymnotus erhalten, der ziemlich **7a_schwach_7a** war. Wir faßten nun den Entschluß, uns selbst an Ort und Stelle zu begeben, und dort die Versuche in **4a_freier_4a** Luft, am Ufer der Sümpfe anzustellen, in welchen die Zitteraale wohnen. Wir verfügten uns zuerst in das kleine Dorf Rastro de Abasco und von da führten uns die Indianer zu dem Canno de Bera, einem Bassin voll stehenden schleimigen Wassers, das von einer

2_herrlichen_2 Vegetation, Clusea Rosea, Hymenea courbaril, dem großen indischen Feigenbaum und Mimosen mit **3a_wohlriechenden_3a** Blüthen, umgeben ist. Wir geriethen nicht wenig in **2_Verwunderung_2**, als wir hörten, man wolle in die benachbarten Savannas gehen, und dort einige dreißig halbwilde Pferde zusammen treiben, um sich ihrer bei diesem Fischfange zu bedienen. Man nennt diese Art, die Zitteraale zu fangen, embarbascar con Cavallos, das heißt, **7a_trunken_7a** machen durch Hülfe von Pferden, und das führt auf gar **6_bizarre_6** Vorstellungen. Mit dem Namen: Barbasco belegt man die Wurzeln der Jaquinia, der Piscidia und jeder andern **5_giftigen_5** Pflanze, welche einer großen Wassermasse, in die man sie wirft, augenblicklich die Eigenschaft mittheilt, die Fische zu **5_tödten_5**, zu **5_betäuben_5**, oder **7a_trunken_7a** zu machen.«

Diese Methode hat weiteres Potenzial. Indem wir das Vokabular der privaten Aufzeichnungen mit jenem der publizierten Schriften zum Beispiel von Malinowski vergleichen, können wir beobachten, welche Emotionen der wissenschaftlichen Öffentlichkeit vorenthalten und welche dagegen besonders herausgestellt wurden.[8]

Um mit älteren Texten arbeiten zu können, ließe sich die historische Semantik über entsprechende Wörterbücher rekonstruieren (Adelung, Grimm, *Oxford English Dictionary*). Interkulturell wäre die unterschiedliche Lexikalisierung von Emotionswörtern in Rechnung zu stellen. Aus historischer und kulturvergleichender Perspektive ist zu untersuchen, inwiefern die jeweilige Semantik und der Grad der Lexikalisierung bestimmter Emotionsvokabeln (z. B. die deutsche *Schadenfreude* oder der indonesische Scham-Begriff *malu*) dazu beitragen, dass die entsprechenden Gefühle, auch von Forschern, tatsächlich gebildet und thematisiert werden.

11 Wortwerte

Nicht nur Vokabeln, die Emotionen bezeichnen, sondern prinzipiell jedes Wort hat emotionale Werte. Die *Berlin Affective Word List* (BAWL)[1] weist auf der Basis von *Ratings* durch Laien mehreren Tausend Substantiven, Adjektiven und Verben gemittelte Zahlenwerte für *Valenz* und *Arousal* sowie bildliche Vorstellbarkeit zu. (Die Valenz für das Wort »Geige« ist +1,5, für »Geisel« –2,2 und für »Affe« +1,0.) Mit einem solchen bewerteten Wörterverzeichnis, in mehreren Sprachen, auf der Basis der durchschnittlichen emotionalen Reaktion, lässt sich das Vokabular von Texten (zumindest ein großer Anteil davon) in den Dimensionen der Bewertung (positiv/negativ) und der Intensität (stark/schwach) quantitativ bestimmen. Einzelne Wörter, beliebige Abschnitte, ganze Texte erhalten empirisch ermittelte Werte, die insgesamt oder im Verlauf dargestellt werden können.

Die Grenzen der Methode liegen dabei nicht nur in der eingeschränkten Trefferquote, weil das Vokabular nur teilweise erfasst ist, und in der auf Durchschnittswerte zusammengefassten Reaktion der Probanden, sondern auch in der Indifferenz gegenüber dem sprachlichen Kontext: Jedes Wort erhält bestimmte Wertigkeiten ganz unabhängig von seinem Zusammenhang (zum Beispiel von Attributen oder Negationen, aber auch vom Inhalt und der Aussage des Satzes, Abschnitts, Kapitels oder Textes).

Abbildung 28: Affektwerte der Sprache: Die Berlin Affective Word List – BAWL

WORD	WORD_CLASS	EMO_MEAN	AROUSAL_MEAN	IMAGE_MEAN	LETTERS	PHONEMES	SYLLABLES
AAL	N	-0.5	2.380952381	6.555555556	3	2	1
AFFE	N	1	3	6.18	4	3	2
AFFEKT	N	0	3.625	1.888888889	6	5	2
ALKOHOL	N	-0.1	3.5	5.333333333	7	7	3
ALLEE	N	1.2	1.333333333	6.333333333	5	3	2
ALLEIN	A	-1.8	2.45	3.33	6	4	2
ALLTAG	N	-0.1	2.25	3.222222222	6	5	2
BERUF	N	0.6	2.684210526	2.54545455	5	5	2
BERÜHREN	V	1.794117647	2.892857143	5.192307692	8	7	3
BESEITIGEN	V	-0.882352941	2.526315789	3.653846154	10	9	4
BESEN	N	-0.25	2.05	5.72727273	5	5	2
BESETZEN	V	-0.617647059	2.666666667	3.884615385	8	7	3
BESORGT	A	-1.3	3.157894737	3.44	7	7	2
BESTÄTIGEN	V	0.970588235	2.210526316	2.730769231	10	10	4
BESTECK	N	0.59	2	6	7	6	2
BIER	N	0.7	2.894736842	6.666666667	4	3	1
BLUT	N	-0.882352941	3.666666667	6.692307692	4	4	1
BRUST	N	1.264705882	2.833333333	6.423076923	5	5	1
DIEB	N	-1.8	3.5	4.666666667	4	3	1
EHE	N	0.647058824	3.19047619	5	3	2	2
EHELOS	A	-0.2	2.473684211	2	6	5	3
EHRE	N	0.911764706	3.095238095	2.692307692	4	3	2
EHRGEIZ	N	1.5	3.555555556	2.888888889	7	5	2
EIDECHSE	N	0.32	2.82	5.32	8	6	3
EINHEIT	N	1.176470588	2.235294118	3.961538462	7	5	2
EKEL	N	-2	4	4.44	4	4	2
EKSTASE	N	2	4.5	4.555555556	7	7	3
ELCH	N	1	2.91	6	4	3	1
ELEFANT	N	1.32	2.95	6.45	7	7	3

Abbildung 29: Das Affektspektrum der BAWL – Valenz, Arousal

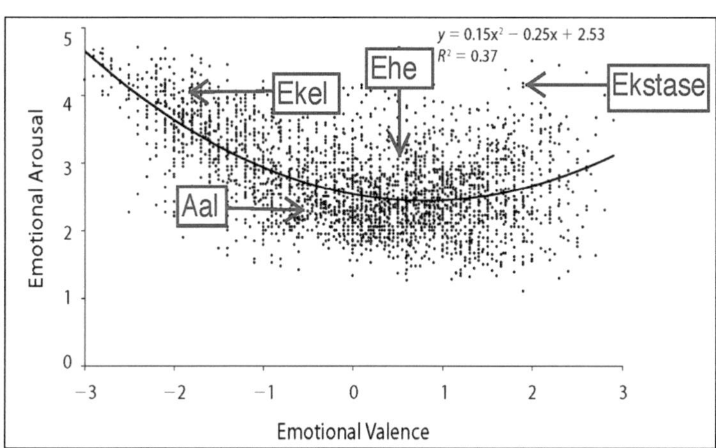

12 Klangwerte

Nicht nur für einzelne Wörter, sondern sogar für Silben und Klänge, die sich unterhalb semantischer Einheiten bewegen, können empirisch Affektwerte ermittelt werden. Dass wir das Wort »Libelle« schöner finden als das Wort »Wutzelkrump«, auch wenn wir kein Deutsch verstehen, ist eine Frage der Phonetik.[1] Dieser Ansatz wurde im Berliner Exzellenzcluster *Languages of Emotion* im Forschungsprojekt »Phonemvalenz«[2] erprobt und zum Programm »Emophon« weiterentwickelt.[3]

Wenn Phonemen und Silben, Lauten und Klängen Affektwerte zuzuordnen sind, können in einem Text lokale Auffälligkeiten identifiziert und insgesamt Lautmuster oder Klangstrukturen beschrieben werden. Aus der Bandbreite der erhobenen Werte und den individuellen Kontrasten ergibt sich seine *Sound*-Signatur als akustische ›DNA‹.

Bereits die klassische Rhetorik war auch eine Rhetorik des Klangs, die Alliterationen, Assonanzen, Reimen, Homoioteleuta und der stimmlichen Prosodie ästhetische und affektive Wirkungen zuschrieb.

Ernst Jandls Lautgedicht *schtzngrmm* (1957)[4] zum Beispiel macht die affektive Wirkung von Phonemen für die Poesie eindrücklich. Es evoziert, ohne Vokale, den Begriff »Schützengraben« – und dabei die nicht nur mit diesem Wort, sondern auch mit diesem Klang verbundenen Emotionen.

schtzngrmm
schtzngrmm
t-t-t-t
t-t-t-t
grrrmmmmm
t-t-t-t
s---------c---------h
tzngrmm
tzngrmm
tzngrmm
grrrmmmmm
schtzn
schtzn
t-t-t-t
t-t-t-t
schtzngrmm
schtzngrmm
tssssssssssssss
grrt
grrrrrt
grrrrrrrrrrt
scht
scht
t-t-t-t-t-t-t-t-t
scht
tzngrmm
tzngrmm
t-t-t-t-t-t-t-t-t
scht
scht
scht
scht
scht
grrrrrrrrrrrrrrrrrrrrrrrrrrr
t-tt

Welche Ergebnisse würde in diesem Sinn eine – erste – klangrhetorische Analyse von Feldtagebüchern haben?

13 Rhythmen

Formal lassen sich bereits sehr einfache Merkmale eines Textes affektiv interpretieren, entweder als Symptome einer Erregung des Sprechers bzw. Verfassers oder als Auslöser einer entsprechenden Reaktion bei den Lesern – seien es rhetorische Tropen oder Figuren, Emotionswörter oder Klänge. Ein besonders basales und leicht zu erfassendes Merkmal ist die Länge der Sätze, d. h. der Abstand zwischen den Interpunktionszeichen, die einen Text zäsurieren (Punkt, Fragezeichen, Ausrufezeichen), als Indikation eines Prosa-Rhythmus. Addiert man beispielsweise die Sätze eines Prosatextes (bzw. eines ausgewählten Abschnitts) zeilenweise untereinander, macht dies den rhetorischen Rhythmus als mehr oder weniger regelmäßiges oder auffälliges ›Pulsieren‹ sichtbar.[1]

Welche Aussagekraft hat die Länge der Sätze? Was sagt der durchschnittliche Wert der Satzlängen eines Textes über dessen Tempo oder Komplexität aus? Und welche Bedeutung hat die Veränderung der Satzlängen in seinem Verlauf? Anwendbar ist dieses Verfahren auch auf Ethno- oder Primatographien. Was geschieht in einem Feldtagebuch in den Phasen, in denen sich der Schreibrhythmus sichtbar be- oder entschleunigt? Oder umgekehrt: Lassen sich Schlüsselstellen wie z. B. Erstkontaktszenen am Satzrhythmus erkennen? Und wie verhält sich dieser zur emotionalen Erfahrung, die jeweils beschrieben wird?

Dieses simple Verfahren ist graphisch erweiterbar. Wenn man die Linien, welche die Länge eines Satzes repräsentieren, jeweils um 90

Grad dreht, ergeben sich geometrische Muster, deren Form die Gleichmäßigkeit oder Exzentrizität ausgewählter Passagen veranschaulicht: im folgenden Beispiel aus einer literaturwissenschaftlich-infographischen Studie zu den Anfängen der Erzählungen Heinrich von Kleists – übertragbar z. B. auf Ankunfts- oder Begegnungsszenen in Feldmemoiren.[2]

Abbildung 30: Erzählanfänge bei Kleist, infographisch visualisiert

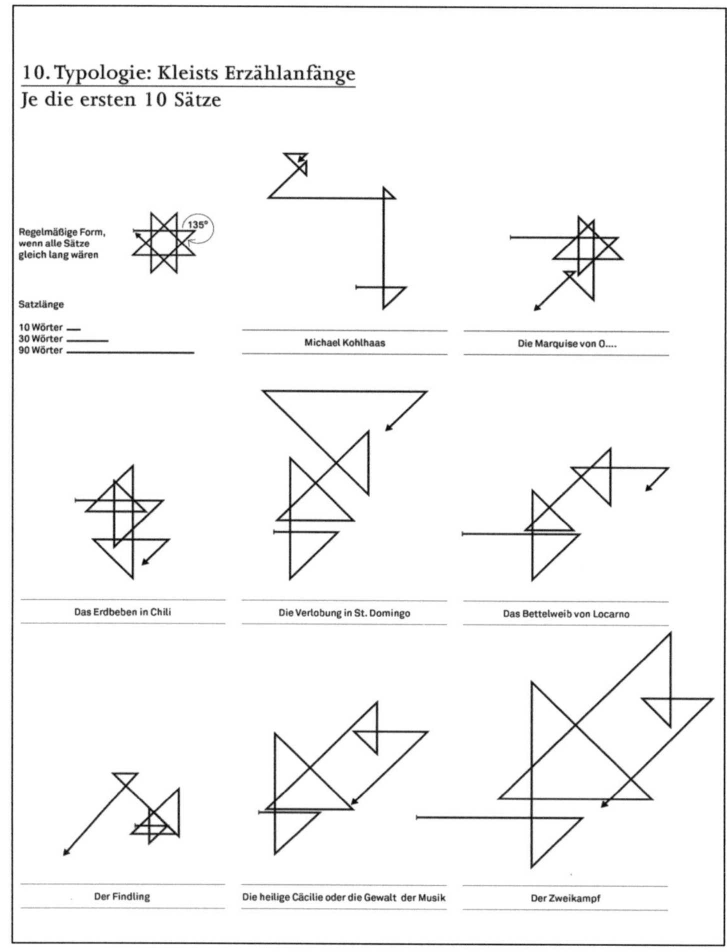

Die Rhythmisierung geschieht in wissenschaftlicher wie in fiktionaler Literatur aber nicht nur syntaktisch, sondern auch rhetorisch, über Anaphern, Wiederholungen, Lautmalerei, Parataxen, Elliptik und Metrik, deren Zusammenspiel eine Szene von besonderer affektiver Intensität anzeigen kann. Hier z. B. bei dem Primatologen Robert Sapolsky:[3]

»I am the angel of death. I am the reign of terror, the ten plagues, I am a case of the clap, I am the thing that goes bump in the night, De Shadow, death warmed over. I am the bogeyman with cat eyes waiting until midnight in every kid's clothes closet, I am leering slinky silent quicksilver baboon terror, I am Beelzebub's bill collector. Another baboon successfully darted. Euphoria. Today I darted Gums, the last baboon on earth I would have ever thought of getting. Wily old bugger, knew my every trick, had eluded me for months. I was near despair at ever getting a blood sample from him, and today, he screwed up. Surrounded himself in presumed safety in a crowd of females, figured he was safe, figured they would take the fall if there was a rubout, figured I'd never dare shoot into a crowd, but he was wrong. They all had their heads turned, he miscalculated the space between two closely spaced trees, and fffft, I sent an anesthetic dart sailing from the blowgun into his ass. Unconscious in four minutes. Musk triumph power loins dawn-of-man science. It was all I could do to keep from savaging his soft underbelly with my canines while he was down.«

In einer emotional vergleichsweise intensiven Passage, die das Betäuben der Primaten einerseits als ›Erschießen‹ inszeniert und andererseits ironisiert, erzeugt die anaphorische Wiederholung (»I am«) spannungsvoll einen Rhythmus, bevor die Wiederholung der Reaktion des Tieres (»figured«) lautmalerisch in die Figuration des Treffers übergeht (»*fffft*«) und die Syntax des Satzes ekstatisch und elliptisch zusammenbricht.[4]

14 Interpunktion

Sogar die Satzzeichen selbst haben mehr als nur eine grammatische Bedeutung, nämlich ihrerseits eine ideologische und eine emotionale.

Der Philologe Victor Klemperer hat für die Sprache des ›Dritten Reiches‹ einen Rückgang des zweifelnden Fragezeichens und des bedächtigen Semikolons und dafür eine Zunahme der aggressiven Ausrufezeichen festgestellt.[1]

Ausrufezeichen, Fragezeichen, Semikola und auch Gedankenstriche sind als Affektmarker lesbar. Thomas Nehrlich hat gezeigt, dass Art und Vielfalt, Dichte und Veränderung der Interpunktion lesbar sind als Indizien emotionaler Dynamik. Interpunktionscluster, so der Befund, entsprechen Konfliktszenen. Je dichter und je wechselhafter der Gebrauch der Zeichen, desto intensiver die Auseinandersetzung.[2] Die Maxima der Interpunktion entsprechen den Höhepunkten der literarischen Affektdramaturgie.

Abbildung 31: Anzahl der Interpunktionszeichen in einem Erzähltext (Heinrich von Kleists Marquise von O....*)*

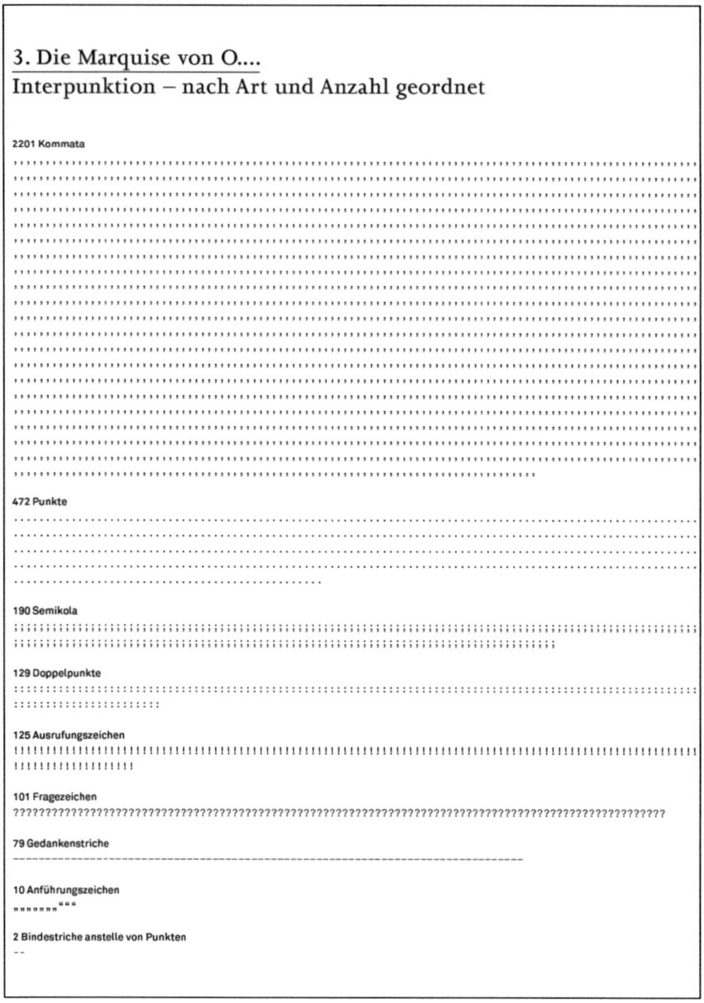

3. Die Marquise von O....

Interpunktion – nach Art und Anzahl geordnet

2201 Kommata

,,
,,
,,
,,
,,
,,
,,
,,
,,
,,
,,
,,
,,
,,
,,
,,
,,
,,
,,
,,
,,,

472 Punkte

....
....
....
....
....

190 Semikola

;;
;;

129 Doppelpunkte

::
:::::::::::::::::::::::

125 Ausrufungszeichen

!!
!!!!!!!!!!!!!!!!!!!

101 Fragezeichen

???

79 Gedankenstriche

----

10 Anführungszeichen

„„„„„„„“““

2 Bindestriche anstelle von Punkten

--

Abbildung 32: Die emotionale Dynamik einer Erzählung lässt sich an der Verteilung der Interpunktionszeichen ablesen (in den Erzählungen Heinrich von Kleists)

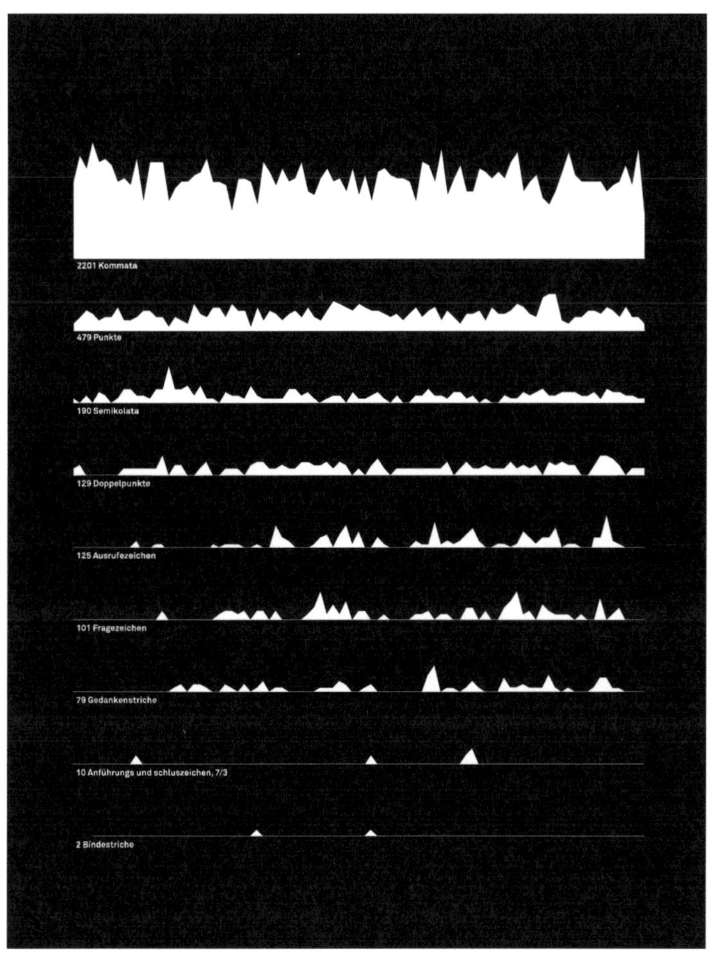

15 Graphologie

Wo handschriftliche Aufzeichnungen vorliegen, liefern sie graphische Anhaltspunkte, an denen wir emotionale Dynamiken ablesen können. Die Gestaltung von Tagebuch-Manuskripten hat von vornherein programmatische und affektrhetorische Implikationen. Sogar die Wahl der Schreibmaterialien kann eine emotionspoetische Bedeutung haben. So wären Bleistift und lose Blätter als Zeichen der Vorläufigkeit zu verstehen, der Eintrag von Tinte in einem Notizbuch dagegen als Autorisierungssignal.

Umso symptomatischer sind handschriftliche Zeugnisse, wenn es sich nicht um eine nachträgliche Reinschrift, sondern um spontane Notizen handelt. Ihre Regelmäßigkeit oder Unregelmäßigkeit erlaubt Rückschlüsse auf die relative An- oder Entspannung des Schreibenden. Auffällige Veränderungen der Handschrift (z. B. Schrägstellung, Unregelmäßigkeit, Unleserlichkeit) können Ausnahmesituationen, Stress, Unbehagen anzeigen. Wo sich mehrere Bearbeitungsschichten (durch Zusätze, Streichungen, Korrekturen) überlagern, scheinen neuralgische Punkte vorzuliegen.

In seinem amerikanischen Reisetagebuch, zum Beispiel, hat Humboldt den Höhepunkt seiner Expedition, der zugleich ein emotional besonders intensiv erlebter Moment gewesen sein muss, gerade handschriftlich sehr hintersinnig gestaltet: Im Abschnitt »Voyage au Chimborazo« vom 23. Juni 1802 hat er den Augenblick, in dem seine Gruppe auf eine unüberwindliche »Spalte« stieß und kurz vor Erreichen des

Gipfels umkehren musste, raffiniert als Abbruch in Szene gesetzt, indem er in der letzten Zeile der Seite das Wort »Spalte«, französisch »crevasse«, ohne Not trennte und den Fortgang seiner Erzählung durch den Einschub mehrerer Seiten von Forschungsergebnissen unterbrach, bevor er ihn schließlich fortsetzte (»Spal- / -te«, »cre- / -vasse«), um den Abstieg vom Vulkan zu schildern. Der Augenblick der Frustration wird hier zugleich unterbrochen und ausgedehnt, verdrängt und hervorgehoben, künstlerisch inszeniert und wissenschaftlich kompensiert.[1]

Abbildung 33: Alexander von Humboldts Tagebuch vom Chimborazo: Im entscheidenden Augenblick wird der Text unterbrochen (»Mais une grande Cre- / v. la Continuation p. 45«).

Abbildung 34: Alexander von Humboldts Tagebuch vom Chimborazo: Nach diversen Einschüben wird die Erzählung fortgesetzt: »Continuation du Voyage de Chimborazo / v. p. 38 / -vasse mit fin à nos tentatives«

Im bereits erwähnten Tagebuch der Europareise von Virginia Woolf ist im Eintrag vom 12. Mai 1935 selbst in der gut lesbaren Niederschrift noch zu erkennen, dass die Autorin eine irritierende Erfahrung gemacht hat (Streichung), die sie durch das Verfahren der *écriture automatique* (Schrägstellung) dann zu bewältigen suchte.[2]

Abbildung 35: Virginia Woolfs Tagebuch aus Nazi-Deutschland: Streichung und Schrägstellung

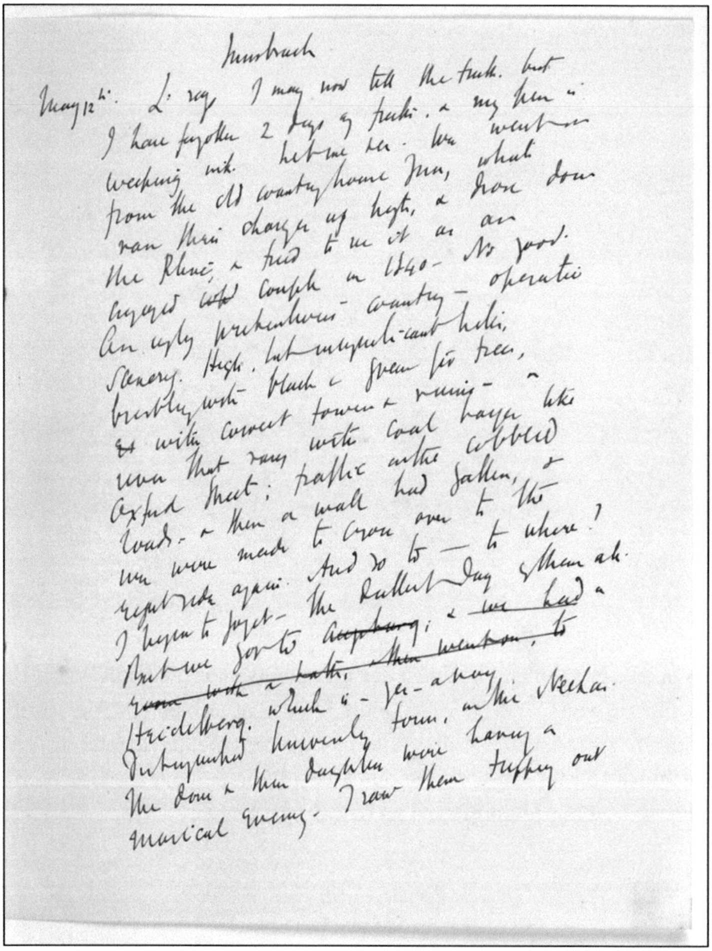

16 Typographie

Nicht minder bedeutsam als die Form handschriftlicher Aufzeichnungen ist die Gestaltung gedruckter Texte.[1] Auch Layout, Schriftbild, Typographie eröffnen ästhetische und affektrhetorische Dimensionen.[2] Das typographische Dispositiv (Überschriften, Autorname, Kolumnentitel) dient der Präsentation des Autors und der Lenkung der Leser. Seitenspiegel, Randbreite, Grauwert, Materialien und Ausstattung können als Prestige-Signale eingesetzt werden, die eine gesteigerte Seriosität und entsprechenden Affektverzicht anzeigen oder im Gegenteil Spontaneität und Subjektivität suggerieren.

Die Wahl der Schrift hat eine eigene Semantik und Politik. Das galt lange Zeit für die Entscheidung innerhalb der deutschen Zweischriftigkeit zwischen Fraktur und Antiqua, die einerseits national und populär, andererseits international und sachlich konnotiert waren, ebenso wie für die der konkreten Schrift*art*, die unterschiedliche Emotionen hervorrufen kann. (Man denke an den Einsatz von Frakturschrift, wenn damit heute auf die Nazizeit angespielt werden soll, obwohl gerade die Nazis die Fraktur als »Judenlettern« verboten haben.[3])

Dass die Schriftgestaltung eine visuelle Rhetorik hat, gilt aber auch für die Einrichtung des Textes *en détail*, zum Beispiel für die Auszeichnungen durch Kursive und Sperrsatz. So hat abermals Thomas Nehrlich gezeigt, wie Sperrungen oder ihr Fehlen einen Akteur hervorheben oder stigmatisieren und wie die Verteilung und Gestaltung von Anführungszeichen, Gedankenstrichen und Auslassungspunkten als ›Sprache der Affekte‹ zu verstehen ist, die eine Erzählung oder auch einen Dialog subtil temperieren kann.[4]

Abbildung 36: Der Völkische Beobachter vor und nach dem Verbot der Frakturschrift

Münchener Ausgabe

Münchener Ausgabe

München, Dienstag, 15. März 1938

VÖLKISCHER BEOBACHTER

Kampfblatt der national-sozialistischen Bewegung Großdeutschlands

Triumphaler Einzug des Führers in Wien

Der herrlichste Empfang, der je einem Volksführer bereitet wurde

Adolf Hitler: Ein Volk von Königsberg bis Köln, von Hamburg bis Wien

Großdeutschland und Europa

Wien, 14. März

Wiener Ausgabe

Wiener Ausgabe

VÖLKISCHER BEOBACHTER

Kampfblatt der nationalsozialistischen Bewegung Großdeutschlands

Timoschenkos „Siegesoffensive" wird zur Katastrophe

Chaos im Kessel von Charkow

Luftwaffe zerhämmert jeden Widerstand

17 Paratexte

Die unscheinbarsten Merkmale eines Textes (Interpunktionszeichen, typographische Auszeichnungen) können weitreichende Bedeutungen haben. Das gilt auch für die Elemente einer Publikation, die den eigentlichen Haupttext als *Para*texte rahmen. Gérard Genette hat in *Seuils* (1987) darauf hingewiesen, dass Paratexte alles andere als selbstverständliche Bestandteile eines Werkes sind.[1]

Titel und Untertitel, Autorname, Widmung, Vor-, Nach- und Gegleitworte, Register und Glossare, Epigraph und Klappentext können mehr oder weniger konventionell oder kreativ sein. In jedem Fall beeinflussen sie unser Leseverhalten. Eine neurowissenschaftliche Studie konnte sogar zeigen, dass bloße Genre-Angaben unsere Lektüre auch physiologisch bestimmen. Je nachdem, ob derselbe Text mit dem *label* »Fakt« oder »Fiktion« versehen wird, werden beim Lesen unterschiedliche Areale im Gehirn aktiviert (Abbildung 45).[2]

Bereits der Titel und der Untertitel sowie die Gestaltung des Umschlags steuern die Erwartungshaltung. Für die primatologische Literatur beispielsweise werden verschiedene populäre Genres schon auf dem Cover angezeigt: seien es Memoiren (Vanessa Woods, *Bonobo Handshake. A memoir*[3]), Reiseliteratur (Jane Goodall, *Reason for Hope. A Spiritual Journey*[4]) oder Horror (Richard Wrangham & Dale Peterson, *Demonic Males*[5]).

Inwiefern sind nun nicht nur die Poetik, die Politik und das Wissenschaftsverständnis, sondern auch die Emotionalität eines Textes an dessen Paratexten ablesbar? Wie aussagekräftig ist alleine das Vorhandensein bestimmter Paratexte bzw. das Fehlen anderer? Widmungen oder Autorenportraits subjektivieren einen Text, Register oder Endnoten objektivieren ihn. Die eine Gruppe von Merkmalen eröffnet einen Raum für eine persönliche Stimme, die auch von Empfindungen sprechen kann, die andere für einen sachlichen Diskurs, in dem die Affekte der Forscher kaum vorkommen können. In zwei Studien zu jeweils einem größeren Corpus von Ethnographien und von Primatographien wurde der Frage nachgegangen, wie die Paratexte die Publikationen beider Fächer formatieren, welche Unterscheidungen von Subgenres sie nahelegen und wie sich ihr Einsatz mit der Zeit verändert hat (Abbildungen 37, 38).[6]

Abbildung 37: Komplexe Paratext-Struktur: Alexander von Humboldt, Vues des Cordillères et monumens des peuples indigènes de l'Amérique *(1810–1813)*

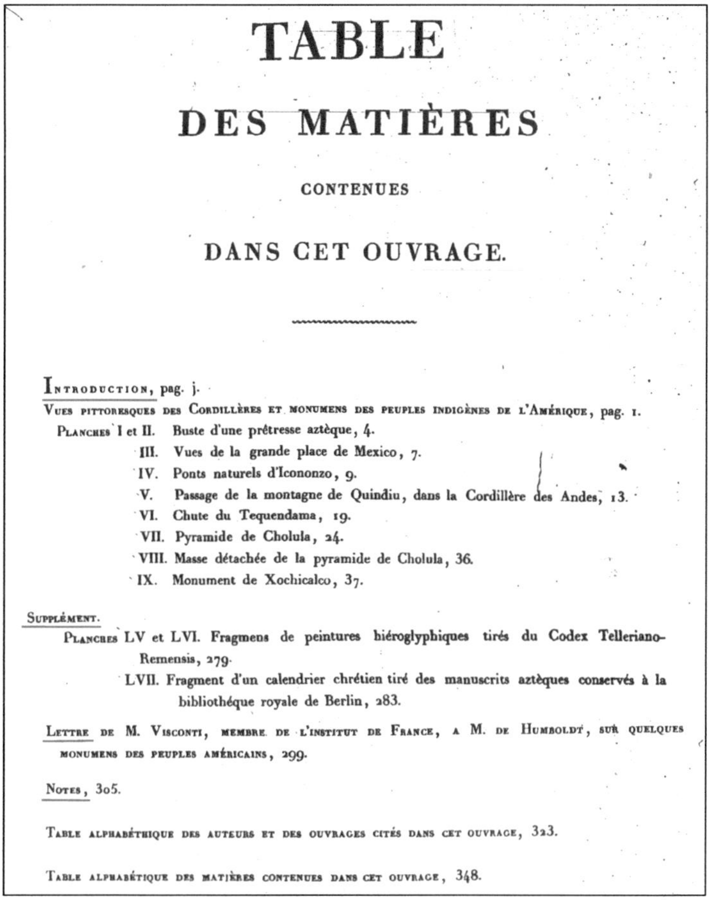

TABLE
DES MATIÈRES
CONTENUES
DANS CET OUVRAGE.

18 Corpora

Paratextuelle Merkmale lassen sich also für größere Gruppen von Texten auswerten – beispielsweise für Ethnographien oder Primatographien, aber potentiell etwa auch für Reiseberichte.

Aus der Perspektive der Linguistik sind für eine Corpus-Analyse grammatische Formen (z. B. Passiv-Konstruktionen), syntaktische Strukturen (z. B. Para- oder Hypotaxe) oder auch Wortarten (z. B. Modalverben) von Interesse, die sich als Merkmale eines bestimmten Diskurses verstehen lassen. Ein Forschungsprojekt der Universität Bremen zur *Koloniallinguistik* untersucht deutsche Kolonialzeitschriften aus dem 19. Jahrhundert auf signifikante Eigenschaften (etwa den Gebrauch des bestimmten Artikels), um die sprachliche Signatur aggressiv imperialer Texte zu identifizieren.[1]

Abbildung 38: Paratexte und Erzählpositionen in einem Corpus von Ethnographien

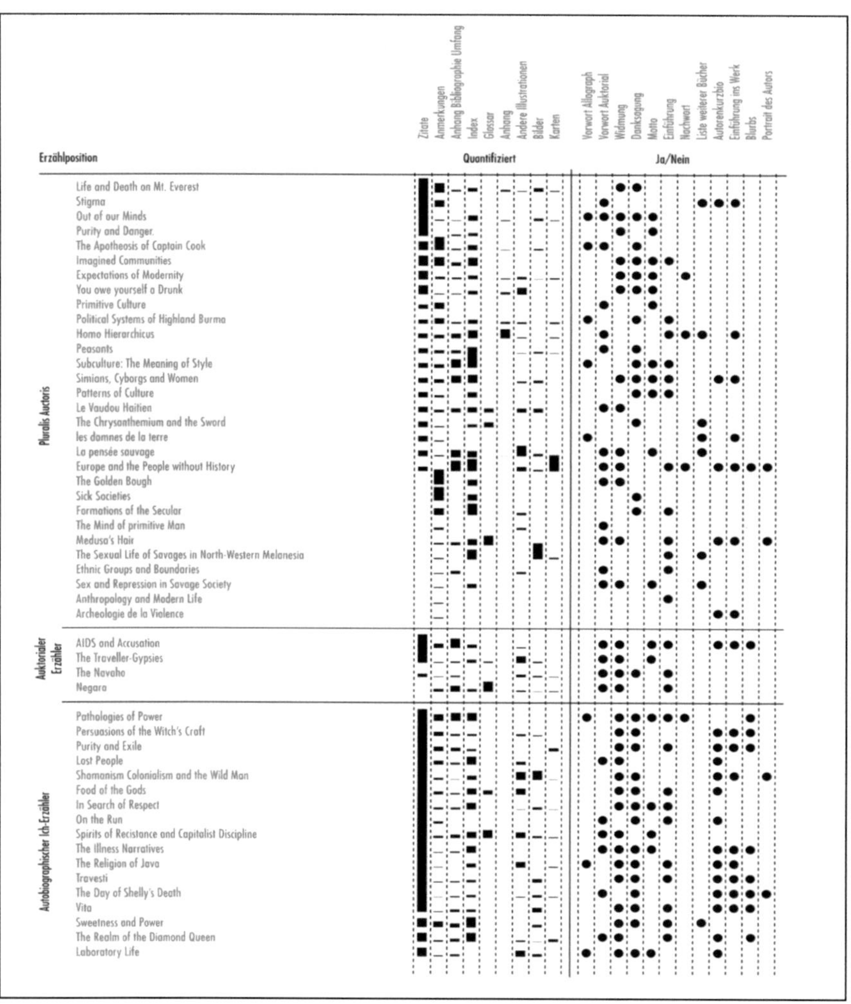

19 Kollokationen

In der Alltagssprache wie in der Lyrik fordern seltene Wortverbindungen eine gesteigerte Aufmerksamkeit. Sie zeugen von einer besonderen Erfahrung – und sie *er*zeugen eine solche in der Rezeption des Textes. So haben die bekannten Wendungen in Paul Celans *Todesfuge* (1948) eine äußerst geringe Geläufigkeit: »Schwarze Milch der Frühe«, »Grab in den Lüften« – diese Verbindungen gibt es nur hier.[1] Zur Beschreibung der *Schoa*, des eigentlich Unsagbaren, wählt der Überlebende extrem seltene Formulierungen.

Wie gewöhnlich oder ungewöhnlich sind die Verbindungen von Wörtern in einem Text? Gibt es Zonen relativ seltener Wort-Kombinationen? Und entsprechen diese einer gesteigerten emotionalen Intensität? Oder umgekehrt: Ist eine solche an der relativen Ungewöhnlichkeit des Vokabulars abzulesen? Diese Fragen sind auf Reiseberichte und Feldtagebücher zu übertragen.

Vor dem Hintergrund des Gesamtwortschatzes einer Sprache[2] lässt sich die ›Zusammenauftretenshäufigkei‹ (Kollokationsfrequenz) ausgewählter Wörter sogar zahlenmäßig bemessen. Und sie kann graphisch dargestellt werden – zum Beispiel die Kookkurenzen für das Wort »Liebe«.[3]

Abbildung 39: Veranschaulichung der häufigsten Nachbarn des Wortes »Liebe« (nach www.wortschatz.de)

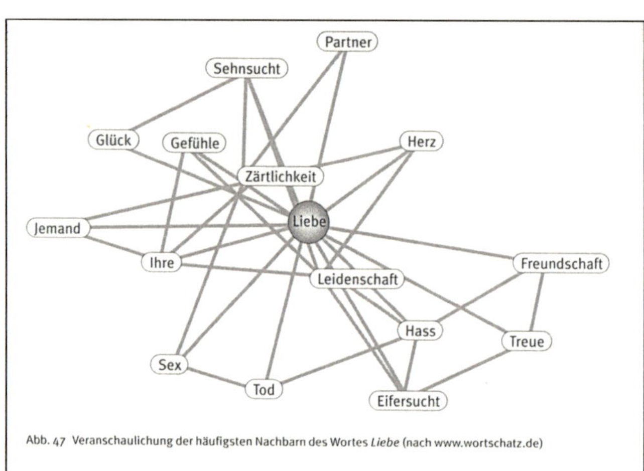

Abb. 47 Veranschaulichung der häufigsten Nachbarn des Wortes *Liebe* (nach www.wortschatz.de)

Dabei verändert sich die Häufigkeit des Gebrauchs eines Wortes historisch – wie sich am Beispiel des für die primatologische Feldforschung einschlägigen Wortes »Affe« zeigen lässt.[4]

Abbildung 40: Häufigkeit des Wortes »Affe« im historischen Verlauf

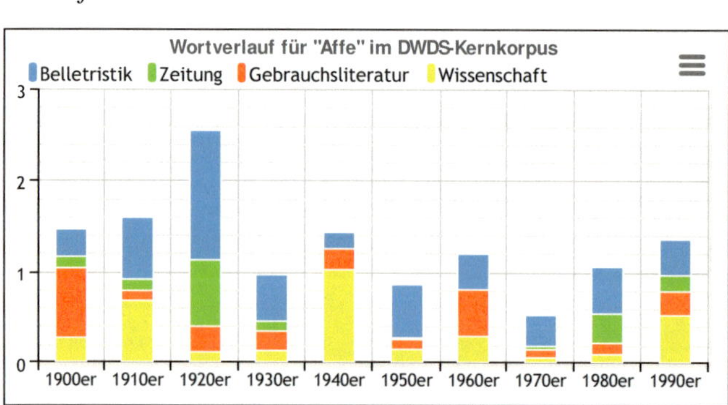

20 Netzwerke

Wie lässt sich die Kommunikation der Akteure im Feld systematisch erfassen? Wer spricht mit wem im Verlauf der dokumentierten Feldforschung? (Forscher mit Informanten, Forscher mit anderen Forschern, etc.)

Franco Moretti visualisierte das Netzwerk der Kommunikation für Shakespeares *Hamlet*, indem er Wortwechsel zwischen Figuren als verbindende Linien darstellte. Graphisch werden so Aspekte des Dramas sichtbar, die sich in einer gewöhnlichen Lektüre nicht ohne weiteres offenbaren würden. Zum Beispiel die ›Todeszone‹ zwischen den Antagonisten, Hamlet und Claudius, in der sich jene Charaktere bewegen, die mit beiden kommunizieren – und deshalb fast alle sterben. Und in der ein anderer Stil gesprochen wird als außerhalb.[1]

Welche Erkenntnisse gewinnen wir, wenn wir ein Feldtagebuch oder einen Forschungsbericht entsprechend auswerten und übersetzen? Insbesondere wenn wir eine Netzwerkanalyse mit anderen Verfahren verbinden, z. B. mit einer Analyse der rhetorischen Mittel, der eingesetzten Metaphern oder des Emotionsvokabulars? Dominieren in den zitierten Aussagen einheimischer Informanten andere Emotionswörter als in jenen westlicher Wissenschaftler? Variiert der Gebrauch des Emotionsvokabulars je nach Gesprächspartner?

Dabei ist in einer Ethnographie nicht nur relevant, wer *mit wem* redet, sondern auch, wer *wie viel* redet. Welche Redeanteile haben in einem Feldtagebuch die verschiedenen Gruppen von Akteuren – einheimische Informanten gegenüber ausländischen Experten, oder welchen Redeanteil haben zum Beispiel Kinder, Männer und Frauen? Wie ausgewogen ist ein Feldtagebuch hinsichtlich befragter oder beobachteter sozialer Positionalitäten und Identitäten? Wie lassen sich diese veranschaulichen? Sowohl insgesamt wie auch im Verlauf? Und wie verhält sich die jeweilige Textmenge zur Artikulation von Affekten? Eine solche Auswertung ist auf der Grundlage eines digitalisierten Textes relativ einfach vorzunehmen, indem die wörtliche Rede (Text zwischen Anführungszeichen) nach Sprechern ausgewertet und das Ergebnis graphisch veranschaulicht wird.

Abbildung 41: Das Netzwerk von Hamlet

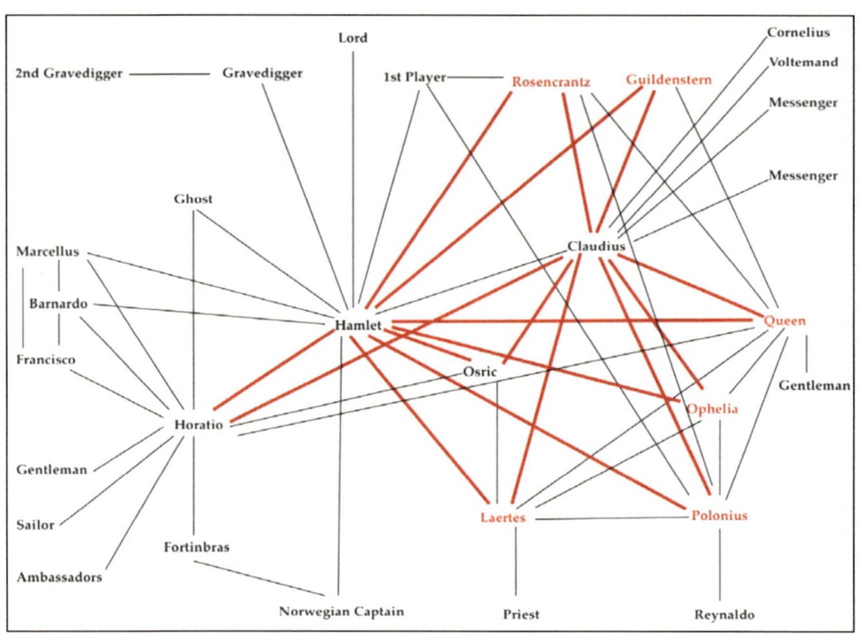

21 Farben

Der Einsatz von Farben kann buchstäblich Aufschluss über die ›Färbung‹ oder ›Tönung‹ eines Textes geben. Sei es explizit als Gebrauch von Farbwörtern (rot, blau, grün) oder durch einschlägig konnotierte Objekte (Rose, Himmel, Gras). Insgesamt ergibt sich ein Spektrum, das für das jeweilige Werk charakteristisch ist. Beispielsweise für Shakespeares *Romeo and Juliet* in der Analyse von Jaz Parkinson.[1]

Es ließe sich darüber hinaus ein Verlauf darstellen, der abschnittsweise die Farb-Dramaturgie eines Textes veranschaulicht. Wird dieser z. B. immer bunter oder aber monochrom? Hat er eine Tendenz der Verdunkelung oder der Aufhellung?

Abbildung 42: Die Farben von Romeo and Juliet

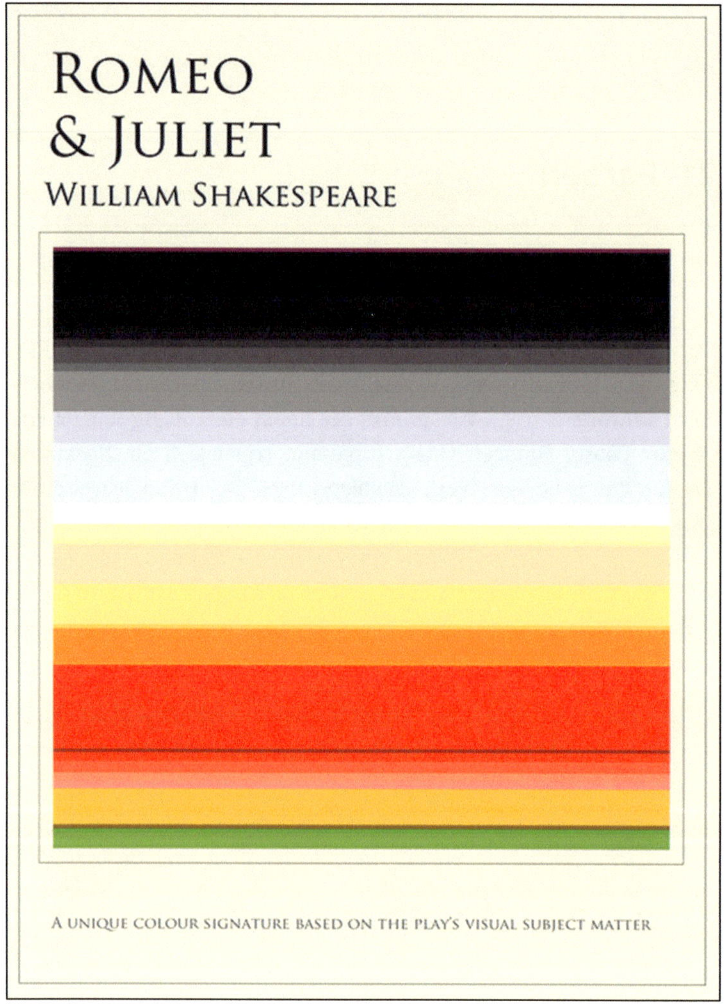

22 Die Biologie des Lesens

Wir können Texte, zu guter Letzt, nicht nur individuell lesen und hermeneutisch interpretieren oder mit Hilfe von Computern automatisiert auswerten und entsprechend als Daten darstellen, sondern wir können sie zunehmend auch in ihrer Wirkung empirisch erforschen. Denn das Lesen hat eine biologische Dimension. Raoul Schrott und Arthur Jacobs beschrieben es als »eine milde Form von psycho-somatischer Erkrankung«.[1]

Für Experimente der empirischen Leseforschung stehen zahlreiche Methoden zur Verfügung, die auf Zeugnisse der Feldforschung anzuwenden wären: subjektive Befragung, physiologische Messung, neuronale Bildgebung. Mit Hilfe von Fragebögen können Auskünfte von Lesern ermittelt werden. Herzfrequenz und Blutdruck dienen als Anzeichen ihrer Erregung während der Lektüre im zeitlichen Verlauf. Ebenso die elektrodermale Aktivität (EDA, Hautleitwiderstand), die Elektromyographie (EMG, Mikromimik), die Pupillometrie und das Elektroenzephalogramm (EEG, Verarbeitungsaufwand). Topographische Aktivierungsmuster im menschlichen Gehirn können mit Hilfe der funktionellen Magnetresonanztomographie (fMRT, *Brain Scan*) aufgezeichnet werden. Blickbewegungsmessung (*Eye Tracking*) erfasst die Fokussierung der Aufmerksamkeit.

Abbildung 43: Die neuronale Reaktion auf Wirklichkeits-widriges. (Aus dem Projekt »Wie Wunder wirken«)

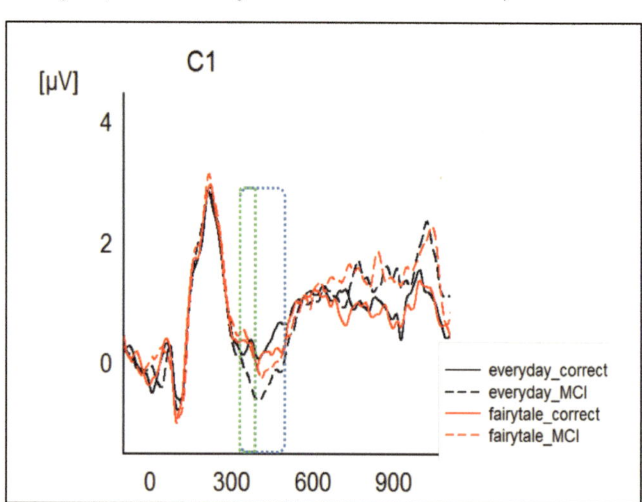

Im EEG bemisst die sogenannte N400 (die Negativierung nach 400 Millisekunden) das Ausmaß bzw. den Aufwand der neuronalen Reaktion auf punktuell überraschende, kontraintuitive Aussagen, die unser Gehirn zu verarbeiten hat.

Die Aufzeichnung peripherphysiologischer Daten – Puls, Atmung, Hautleitwert – gibt Auskunft über den Verlauf der Erregung bei der Lektüre auch längerer Texte.

Ein *Brain Scan* wiederum bildet die räumliche Aktivierung des Gehirns ab – und ist seinerseits interpretierbar, als Gegenstand einer neuen, szientifischen Hermeneutik.

Für die Frage, wie Affekte in der Feldforschung empirisch und textlich zu untersuchen wären, sollten Methoden der Wirkungsforschung hier zumindest angedeutet werden. Aber das ist nicht nur ein neues, sondern auch ein weites und epistemologisch kontrovers diskutiertes Feld.

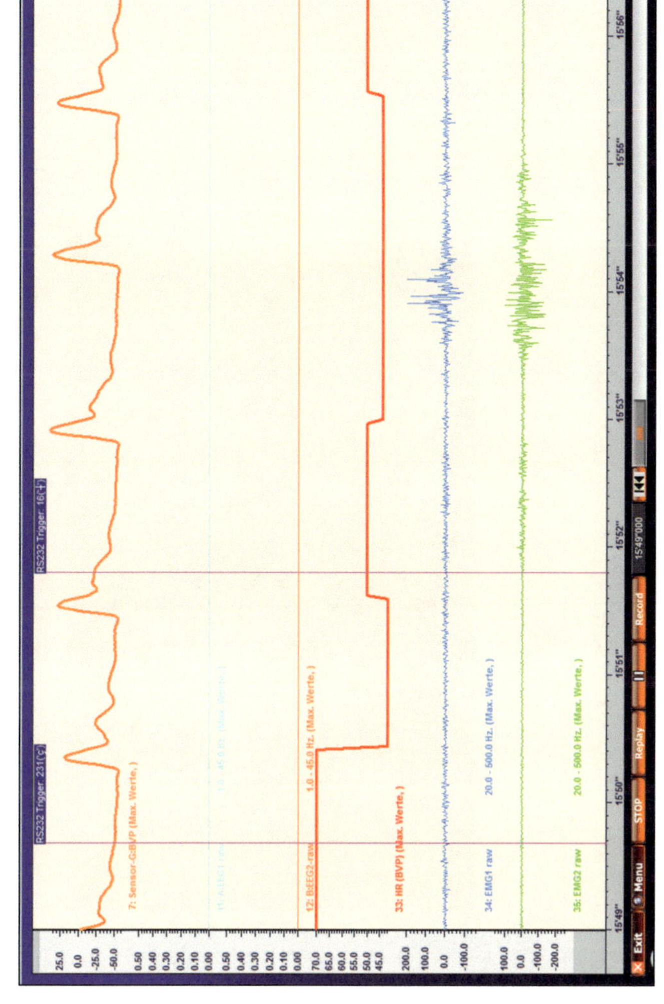

Abbildung 44: Peripherphysiologische Messungen. (Aus dem Projekt »Affektive und ästhetische Prozesse beim Lesen«)

Abbildung 45: Fakt oder Fiktion? (Aus dem Projekt »Affektive und ästhetische Prozesse beim Lesen«)

Fact *vs* fiction SCAN (2012) 5 of 8

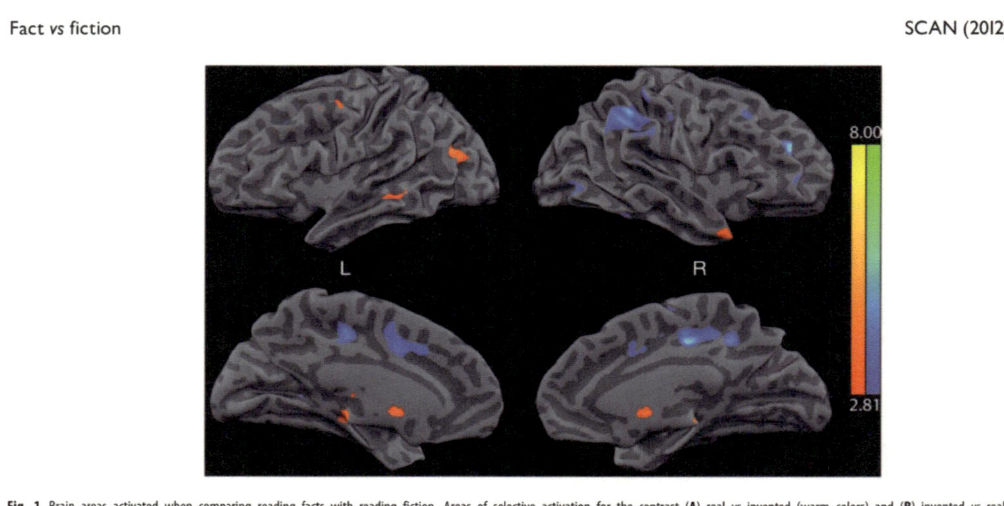

Fig. 1 Brain areas activated when comparing reading facts with reading fiction. Areas of selective activation for the contrast (**A**) real *vs* invented (warm colors) and (**B**) invented *vs* real (cold colors); visualization: cluster level corrected ($P < 0.05$), initial voxel level threshold $P < 0.005$ uncorrected.

23 Weitere Methoden der Literaturwissenschaft

Über die skizzierten Ansätze hinaus ließen sich selbstverständlich noch weitere Methoden zur textbezogenen Emotionsanalyse einsetzen, sowohl klassisch philologische wie auch experimentelle. So wären signifikante Elemente eines Textes (Begriffe, Träger, Objekte, Räume oder Arrangements von Affekten und Emotionen) entweder strukturalistisch zu erfassen und taxonomisch zu klassifizieren oder poststrukturalistisch in ihren Spannungen, Widersprüchen und Aporien zu beschreiben, um beobachten zu können, wie sich verschiedene Emotionsdiskurse und affektive Subtilitäten wechselseitig bedingen oder dekonstruieren.

Schluss

Es gibt keinen Königsweg zu den Affekten und Emotionen der ForscherInnen, weder im Feld noch im Text. Aber es gibt zahlreiche Möglichkeiten, sich ihnen anzunähern, mit diversen Methoden und aus unterschiedlichen disziplinären und interdisziplinären Perspektiven[1]. Indem wir verschiedene Ansätze multimethodal miteinander verbinden, können wir die Affekte und Emotionen der Forscher mit möglichst angemessener Komplexität untersuchen und modellieren – empirisch und textanalytisch.

Die Verfahren der Textinterpretation können im Dialog mit den Feldforschern rückwirkend zu einer methoden- und affektbewussten ethnographischen Wissens- und Textproduktion beitragen, die andernorts als pragmatisch, kollaborativ und relational beschrieben wurde.[2] Dabei lassen sich unterschiedliche Methoden zur Analyse von *Emotionen im Text* für die Analyse von Zeugnissen der *Emotionen im Feld* innovativ miteinander verbinden. Dabei lassen sich auch die von uns vorgestellten und bereits umgesetzten Methoden zur Erhebung von *Emotionen im Feld* durch audiovisuelle, künstlerische, theatrale, psychologische, pädagogische Perspektiven oder online- und app-basierte Verfahren erweitern.

Letztlich müssen dabei jedoch immer forschungsethische Fragen im Mittelpunkt der methodologischen Überlegungen stehen. Affekte, Gefühle und Emotionen sind – auch bei WissenschaftlerInnen – vertrauliche, persönliche und intime Erfahrungen, auch oder gerade weil sie im Forschungskontext entstehen und somit fundamentaler Bestandteil wissenschaftlicher Daten und ihrer Repräsentation sind. Nicht alles, was methodologisch möglich ist, ist aus einer ethischen Perspektive auch erstrebenswert. Wie jede ethnographische Feldforschung basiert auch die Forschung mit KollegInnen auf Empathie, Vertrauen, Verlässlichkeit, Kooperation und freiwilligem Einverständnis.

Auch aus methodologischer Perspektive sind der Analyse von Forscher-Emotionen und -Affekten Grenzen gesetzt. Nicht alle von uns beschriebenen Ansätze lassen sich gleichermaßen zur Analyse von Felddokumenten operationalisieren. Manche eignen sich eher zur Analyse von Affekten oder Emotionen in veröffentlichten Texten. Andere wiederum eignen sich ganz hervorragend zur Erhellung ethnographischer Praxis und ihrer affektiven Dimensionen. Sie können so dazu beitragen, einen ‚frischen Wind'[3] in das methodische Repertoire der Sozial- und Kulturanthropologie, der *Fieldwork Studies*, der Emotions- und Affektforschung oder der Wissenssoziologie zu bringen.

Hierbei möchten wir den interessierten LeserInnen keine Grenzen setzen und sie einladen, teilzunehmen an unserer interdisziplinären Suche nach dem von Clifford Geertz so eindringlich geforderten »fehlenden Genre«[4], das sozial- und kulturanthropologische Methodologie mit der Literaturwissenschaft verbindet. Wir möchten mit unserem Taschenhandbuch weiterhin dazu beitragen, den *affective turn*[5] nicht nur in der Formulierung abstrakt-kritischer Gesellschaftstheorien weiterzuführen, sondern auch methodologisch ernst zu nehmen und die paradigmatischen Arbeiten der *Berlin School of Affective Scholarship*[6] voranzutreiben.

Die affektiven Dimensionen der Forschung einer systematischen Analyse zu unterziehen, ist keine intellektuelle ›Gymnastik‹. Die gegenwärtigen Angriffe auf wissenschaftliches Wissen mit »alternativen Fakten« fordern uns dazu heraus, die Prozesse der Wissensproduktion noch schärfer zu fokussieren, zu kontextualisieren, nachvollziehbar und transparent zu machen. Verstehen wir in einer ›Krise der Expertenkultur‹ WissenschaftlerInnen nun nicht als abgehoben von ihren Gesellschaften, Kulturen und Lebenswelten, sondern als Teil von ihnen, so müssen Affekte und Emotionen nicht nur in der gesellschaftlichen Rezeption von Forschung, sondern auch in der wissenschaftlichen Praxis selbst, in ihren Forschungs-, Aushandlungs- und Kommunikationsprozessen, in Rechnung gestellt werden.[7]

Aus einer empirischen Perspektive möchten wir zudem auf den emotionalen Druck hinweisen, von dem NachwuchsethnologInnen in den erhobenen Narrativen und Feedback-Workshops immer wieder berichtet haben. Eine systematische Dokumentation und Aufarbeitung von Forscheremotionen soll dabei behilflich sein, die theoretischen Modelle des ›Kulturschocks‹ oder auch des ›*reverse culture shocks*‹ nach der Rückkehr von der Feldforschung methodologisch, emotions- und affekttheoretisch zu verfeinern. Es geht darum, NachwuchsethnographInnen auf der Basis empirischer Analysen nachhaltig auf die emotionalen Herausforderungen der Feldforschung vorzubereiten.[8]

Diese vorläufigen Überlegungen zur Erforschung von Affekten, Gefühlen und Emotionen im Feld und im Text sind, so hoffen wir, anschlussfähig jenseits der Feldforschung: für die Sozial- und Kulturanthropologie, die Vergleichende Literaturwissenschaft, die Affekt- und Emotionsforschung ebenso wie für die wissenschaftliche Selbstreflexion – und nicht zuletzt für unsere Alltagserfahrungen in verschiedensten Begegnungen zwischen kulturell zunächst »Fremden«. Gefühle beeinflussen unser Verhalten überall – nicht nur in der Wissenschaft.

Literaturverzeichnis

Agar, Michael: *Professional stranger. An informal introduction to ethnography*, New York: Academic Press 1996.

Altmann, Ulrike et al.: »Fact vs fiction – how paratextual information shapes our reading processes«, in: *Social Cognitive and Affective Neuroscience* 9 (2014), S. 22–29.

Anz, Thomas: »Kulturtechniken der Emotionalisierung. Beobachtungen, Reflexionen und Vorschläge zur literaturwissenschaftlichen Gefühlsforschung«, in: Karl Eibl/Katja Mellmann/Rüdiger Zymner (Hg.), *Im Rücken der Kulturen*, Paderborn: mentis 2007, S. 209–239.

Aristoteles: *Poetik*, griechisch/deutsch, übersetzt und herausgegeben von Manfred Fuhrmann, Stuttgart: Reclam 1982.

Aristoteles: *Rhetorik*, übersetzt und herausgegeben von Gernot Krapinger, Stuttgart: Reclam 1999.

Aryani, Arash/Jacobs, Arthur/Conrad, Markus: »Extracting salient sublexical units from written texts. ›Emophon,‹ a corpus-based approach to phonological iconicity«, in: *Frontiers in Psychology* 4:654 (2013), S. 1–15.

Augé, Marc: *Non-lieux. Introduction à une anthropologie de la surmodernité*, Paris: Seuils 1992.

Bachmann-Medick, Doris: *Cultural Turns. Neuorientierungen in den Kulturwissenschaften*, Reinbek: Rowohlt 2014.

Bain, Peter/Shaw, Paul (Hg.): *Blackletter. Type and National Identity*, New York: Princeton Architectural Press 1998.

Behar, Ruth: *The Vulnerable Observer. Anthropology that Breaks Your Heart*, Boston: Beacon Press 1996.

Behar, Ruth/Gordon, Deborah A. (Hg.): *Women Writing Culture*, Berkeley: University of California Press 1995.

Bernard, Russel: *Research Methods in Anthropology. Qualitative and Quantitative Approaches*, Lanham: Altamira Press [3]2007.

Blumenberg, Hans: *Paradigmen zu einer Metaphorologie*, Frankfurt: Suhrkamp 1996 [1960].

Bonz, Jochen et al. (Hg.): *Ethnografie und Deutung. Gruppensupervision als Methode reflexiven Forschens*, Wiesbaden: Springer VS 2017.

Breuer, Franz: *Reflexive Grounded Theory. Eine Einführung für die Forschungspraxis*, Wiesbaden: Springer VS 2010.

Brun, Georg/Doğuoğlu, Ulvi/Kuenzle, Dominique: *Epistemology and Emotions*, Aldershot: Ashgate 2008.

Celan, Paul: »Todesfuge«, in: ders., *Die Gedichte*, herausgegeben von Barbara Wiedmann, Frankfurt: Suhrkamp 2003, S. 40–41.

Clifford, Geertz: »›From the native's point of view‹: On the nature of anthropological understanding«, in: ders., *Local knowledge: Further essays in interpretive anthropology*, New York: Basic Books 1983, S. 55–72.

Clifford, James/Marcus, George E. (Hg.): *Writing Culture. The Poetics and Politics of Ethnography*, Berkeley: University of California Press 1986.

Clough, Patricia T./Halley, Jean O'Malley: *The Affective Turn. Theorizing the Social*, Durham: Duke University Press 2008.

Costa, Paul T./McCrae, Robert R.: *Revised NEO Personality Inventory (NEO-PIR) and NEO Five Factor Inventory (NEO-FFI) professional manual,* Odessa, FL: Psychological Assessment Resources 1992.

Crapanzano, Vincent: »›At the heart of the discipline‹: Critical Reflections on Fieldwork«, in: Davies/Spencer (Hg.), *Emotions in the Field* (2010), S. 55–78.

Crapanzano, Vincent: *Tuhami. Portrait of a Moroccan*, Chicago: Chicago University Press 1980.

Das Digitale Wörterbuch der deutschen Sprache: www.dwds.de.

Daston, Lorraine/Galiston, Peter: *Objectivity*, New York: Zone Books 2007.

Davies, James: »Introduction«, in: Davies/Spencer (Hg.), *Emotions in the Field* (2010), S. 1–34.

Davies, James/Spencer, Dimitrina (Hg.): *Emotions in the Field. The Anthropology and Psychology of Fieldwork Experience*, Stanford: Stanford University Press 2010.

Davies, James/Stodulka, Thomas: »Emotions in the Field«, in: Paul Atkinson et al. (Hg.), *The SAGE Enyclopaedia of Social Research Methods*, Thousand Oaks: Sage 2019, im Erscheinen.

Davis, Mark H.: »Measuring individual differences in empathy. Evidence for a multidimensional approach«, in: *Journal of Personality and Social Psychology* 44 (1983), S. 1114–1126.

Dodd, Martha: *My Years in Germany*, London: Victor Gollancz 1939.

Ekman, Paul: »Basic Emotions«, in: Tim Dalgleish/Mick Power (Hg.), *Handbook of Cognition and Emotion*, Sussex: John Wiley & Sons 1999, S. 45–60.

Ethnolab – Ethnography as Affective Research: http://ethnolab.kunci.-or.id.

Evans-Pritchard, Edward: *Witchcraft, Oracles, and Magic Among the* Azande, Oxford: Clarendon Press 1937.

Falzon, Mark-Anthony: *Multi-sited Ethnography. Theory, Praxis and Locality in Contemporary Research*, London: Ashgate 2009.

Fannrich, Isabel/Jung, Christian: »Mit dem Herzen bei der Sache«, in: *Impulse* 2 (2015), S. 22–35.

Farbliche visualisierte Analyse von Shakespears *Romeo and Juliet* durch Jaz Parkinson: http://jazparkinson.tumblr.com/post/515641 77677/romeo-and-juliet.

Feldforschungsaphorismen: https://savageminds.org/2008/04/29/field-work-aphorisms.

Fishelov, David: »The Structure of Generic Categories. Some Cognitive Aspects«, in: *Journal of Literary Semantics* 24:2 (1995), S. 117–126.

Flam, Helena/Kleres, Jochen (Hg.): *Methods of Exploring Emotions*, Abingdon/New York: Routledge 2015.

Forster, Georg: *A Voyage round the World*, 2 Bände, London: B. White/J. Robson/P. Elmsley/G. Robinson 1777.

Fossey, Dian: *Gorillas in the Mist*, London: Phoenix 2001 [1983].

Foucault, Michel: »Des espaces autres« [1967], in: *Architecture, Mouvement, Continuité 5* (1984), S. 46–49.

Gable, Eric: »The Anthropology of Guilt and Rapport. Moral Mutuality in Ethnographic Fieldwork«, in: *HAU – Journal of Ethnographic Theory* 4:1 (2014), S. 237–258.

Geertz, Clifford: *After the Fact: Two Countries, Four Decades, One Anthropologist*, Cambridge, Mass.: Harvard University Press 1995.

General Architecture for Text Engineering (GATE): https://gate.ac.uk.

Genette, Gérard: *Seuils*, Paris: Éditions du Seuil 1987.

Geneva Affect Label Coder (GALC): www.affective-sciences.org/researchmaterial.

Gergen, Kenneth J./Gergen, Mary: »Ethnography as Relationship«, in: Art Bochner/Carolyn Ellis (Hg.), *Ethnographically Speaking. Autoethnography, Literature, and Aesthetics*, Walnut Creek: Alta Mira Press 2002, S. 11–33.

Ghodsee, Kristen: *From Notes to Narrative. Writing Ethnographies that Everyone Can Read*, Chicago/London: University of Chicago Press 2016.

Glaser, Barney G./Strauss, Anselm L.: *The discovery of grounded theory. Strategies for qualitative research*, Chicago: Aldine 1967.

Goodall, Jane/Berman, Phillip: *Reason for Hope. A Spiritual Journey*, New York/Boston: Grand Central 2000.

Greenblatt, Stephen: *Learning to Curse. Essays in Early Modern Culture*, New York: Routledge 1992.

Hammersley, Martyn/Atkinson, Paul: *Ethnography. Principles in Practice*, London: Routledge 2007.

Hannerz, Ulf: »Being there... and there... and there! – Reflections on Multi-Site Ethnography«, in: *Ethnography* 4:2 (2003), S. 201–216.

Haraway, Donna: »Situated Knowledges. The Science Question in Feminism and the Privilege of Partial Perspective«, in: *Feminist Studies* 14:3 (1988), S. 575–599.

Henrich, Joseph/Heine, Steven/Norenzayan, Ara: »The Weirdest People in the World«, in: *Behavioral and Brain Sciences* 33:2/3 (2010), S. 1–75.

Hollan, Douglas: »Being There: On the Imaginative Aspects of Understanding Others and Being Understood«, in: *Ethos* 36:4 (2008), S. 475–489.

Hölzer, Michael/Scheytt, Nicola/Kächele, Horst: »Das ›Affektive Diktionär Ulm‹ als eine Methode der quantitativen Vokabularbestimmung«, in: Cornelia Züll/Peter Ph. Mohler (Hg.), *Textanalyse. Anwendungen der computerunterstützten Inhaltsanalyse*, Wiesbaden: VS Verlag für Sozialwissenschaften 1992, S. 131–154.

Humboldt, Alexander von: »Das nächtliche Thierleben im Urwalde« [1849], in: ders., *Ansichten der Natur mit wissenschaftlichen Erläuterungen*, Frankfurt: Die Andere Bibliothek 2004, S. 214–234.

Humboldt, Alexander von: »Jagd und Kampf der electrischen Aale mit Pferden«, in: *Annalen der Physik* 25:1 (1807), S. 34–43.

Humboldt, Alexander von: *Relation historique du Voyage aux régions équinoxiales du Nouveau Continent*, 3 Bände, Paris: F. Schoell 1814 [–1817], N. Maze 1819[–1821], J. Smith et Gide Fils 1825[–1831].

Humboldt, Alexander von: *Ueber einen Versuch den Gipfel des Chimborazo zu ersteigen*, herausgegeben von Oliver Lubrich/Ottmar Ette, Berlin: Eichborn Berlin 2006.

Inglin, Meinrad: »Mißglückte Reise durch Deutschland«, in: *Schweizer Monatshefte* 43:3 (1963), S. 246–261.

Jackson, Michael: *Paths toward a Clearing. Radical Empiricism and Ethnographic Inquiry*, Bloomington: Indiana University Press 1989.

Jackson, Michael/Piette, Albert: »Introduction. Anthropology and the Existential Turn«, in: dies. (Hg.), *What Is Existential Anthropology?*, New York: Berghahn Books 2015, S. 1–29.

Jacobs, Arthur et al.: »10 years of BAWLing into affective and aesthetic processes in reading: what are the echoes?«, in: *Frontiers in Psychology* 6:714 (2015), S. 1–15.

Jandl, Ernst: *Laut und Luise*, Stuttgart: Reclam 1976 [1966].

Jünger, Ernst: *In Stahlgewittern. Aus dem Tagebuch eines Stoßtruppführers*, Hannover: Eigenverlag 1920.

Kahl, Antje (Hg.): *Analyzing Affective Societies: Methods and Methodologies*, London: Routledge 2019.

Kilchör, Fabienne: »Graphic Reading. Text Visualization by Means of Information Design«, in: *10plus1: Living Linguistics* 1 (2015), S. 132–155.

Kirschstein, Daniela: *Writing War. Kriegsliteratur als Ethnographie*, Würzburg: Königshausen & Neumann 2012.

Klemperer, Victor: LTI. *Notizbuch eines Philologen*, Berlin: Aufbau 1947.

Koppenfels, Martin von/Zumbusch, Cornelia (Hg.): *Handbuch Literatur & Emotionen*, Berlin: de Gruyter 2016.

Lakoff, George/Johnson, Mark: *Metaphors We Live By*, Chicago: University of Chicago Press 1980.

Latour, Bruno/Woolgar, Steve: *Laboratory Life. The Construction of Scientific Facts*, Beverly Hills: Sage 1979.

Lausberg, Heinrich: *Elemente der literarischen Rhetorik*, München: Franz Steiner 1971.

Lehmann, Jörg/Mittelbach, Moritz/Schmeier, Sven: »Quantifizierung von Emotionswörtern in Texten«, in: *DARIAH-DE Working Paper* 24, 2017.

Lehmann, Jörg/Liebal, Katja/Lubrich, Oliver [mit Infographiken von Fabienne Kilchör]: »Diesseits und jenseits von Eden. Paratexte in der Primatographie«, in: *Scientia Poetica* 22:1 (2018), S. 151–179.

Liebal, Katja/Lubrich, Oliver/Stodulka, Thomas: *Emotionen im Feld. Gespräche zur Ethnographie, Primatographie und Reiseliteratur*, Bielefeld: transcript 2018.

Liebert, Wolf-Andreas: »Kulturbedeutung, Differenz, Katharsis: Kulturwissenschaftliches Forschen und Schreiben als zyklischer Prozess«, in: Friedemann Vogel/Janine Luth/Stefaniya Ptashnyk (Hg.), *Linguistische Zugänge zu Konflikten in europäischen Sprachräumen: Korpus – Pragmatik – kontrovers*, Heidelberg: Universitätsverlag 2016, S. 21–41.

Lotman, Jurij: *Die Struktur literarischer Texte*, übersetzt von Rolf-Dietrich Keil, München: Wilhelm Fink 1972.

Lubrich, Oliver: »Dolores, enfermedades y metáforas poéticas del cuerpo en Alejandro de Humboldt«, in: *Revista de Indias* 64:231 (2004), S. 503–527.

Lubrich, Oliver: »Faschismus im Selbstversuch. Rhetorik und Psychologie bei Virginia Woolf«, in: *Orbis Litterarum* 65:3 (2010), S. 222–253.

Lubrich, Oliver: »Fascinating Voids. Alexander von Humboldt and the Myth of Chimborazo«, in: Sean Ireton/Caroline Schaumann (Hg.), *Heights of Reflection: Mountains in the German Imagination from the Middle Ages to the Twenty-First Century*, Rochester: Camden House 2012, S. 153–175.

Lubrich, Oliver: »Figuralität und Persuasion. Barack Obamas Redekunst als Gegenstand interdisziplinärer und experimenteller Forschung«, in: *Paragrana* 20:2 (2011), S. 248–265.

Lubrich, Oliver: »Formen historischer Erfahrung. Die Metamorphosen der Martha Dodd«, in: *Oxford German Studies* 34:1 (2005), S. 79–102.

Lubrich, Oliver: »Gegenläufige Affektsteuerung und paradoxaler Antisemitismus«, in: Sabine Schülting/Zeno Ackermann (Hg.), *Shylock nach dem Holocaust: Zur Geschichte einer deutschen Erinnerungsfigur*, Tübingen: Max Niemeyer 2011, S. 171–188.

Lubrich, Oliver: »Pneumo-Prosa. Nationalsozialismus als helvetische Krankheit«, in: Christian von Zimmermann/Daniel Annen (Hg.),

»Kurz nach Mittag aber lag der See noch glatt und friedlich da«. Neue Studien zu Meinrad Inglin, Zürich: Chronos 2013, S. 175–196.

Lubrich, Oliver: »Sprachbilder des Krieges. Zur ersten Fassung von Ernst Jüngers *In Stahlgewittern*«, in: *Pandaemonium Germanicum* 16:2 (2010), S. 53–88.

Lubrich, Oliver: »War Imagery: On the First Edition of Ernst Jünger's *Storm of Steel*«, in: Tom Burns et al. (Hg.), *War and Literature. Looking Back on 20th Century Armed Conflicts*, Stuttgart: ibidem 2014, S. 53–81.

Lubrich, Oliver: »Vom Guckkasten zum Erlebnisraum. Alexander von Humboldt und die Medien des Reisens«, in: *figurationen* 9:2 (2007), S. 47–66.

Lubrich, Oliver: *Das Schwinden der Differenz. Postkoloniale Poetiken*, Bielefeld: Aisthesis ²2009.

Lubrich, Oliver/Stodulka, Thomas/Liebal, Katja: »Affekte im Feld – Ein blinder Fleck der Forschung?«, in: *Interdisziplinäre Anthropologie* 5 (2018), S.179–197.

Malinowski, Bronislaw: *A Diary in the Strict Sense of the Term*, übersetzt von Norbert Guterman, Stanford: Stanford University Press 1989.

Malinowski, Bronislaw: *Argonauts of the Western Pacific. An account of native enterprise and adventure in the Archipelagoes of Melanesian New Guinea*, London: George Routledge & Sons/New York: E. P. Dutton & Co. 1932 [1922].

Manser, Bruno: *Tagebücher aus dem Regenwald. 1984–1990*, Basel: Christoph Merian 2004.

Marcus, George E.: »Ethnography in/of the World System. The Emergence of Multi-Sited Ethnography«, in: *Annual Review of Anthropology* 24:1 (1995), S. 95–117.

Marcus, George E./Fischer, Michael M. J.: *Anthropology as Cultural Critique. An Experimental Moment in the Human Sciences*, Chicago: University of Chicago Press 1986.

Martínez, Matías/Scheffel, Michael: *Einführung in die Erzähltheorie*, München: Beck 2009 [1999].

Meyer-Sickendiek, Burkhard: *Affektpoetik: Eine Kulturgeschichte literarischer Emotionen*, Würzburg: Königshausen & Neumann 2005.

Miall, David S.: »Beyond the Schema Given. Affective Comprehension of Literary Narratives«, in: *Cognition and Emotion* 3 (1989), S. 55–78.

Monchamp, Anne: »Encountering emotions in the field: an X marks the spot«, in: *Anthropology Matters Journal* 9:1 (2007), siehe https://anthropologymatters.com/index.php/anth_matters/article/view/57/109.

Moretti, Franco: »Network Theory, Plot Analysis«, in: *Literary Lab*, Pamphlet 2 (1. Mai 2011), Abbildung 5, S. 4, siehe https://litlab.stanford.edu/pamphlets/.

Moretti, Franco: *Atlas of the European Novel, 1800–1900*, London/New York: Verso 1998.

Moretti, Franco: *Distant Reading*, London/New York: Verso 2013.

Moretti, Franco: *Graphs, Maps, Trees. Abstract Models for a Literary History*, London/New York: Verso 2005.

Moretti, Franco: *The Bourgeois. Between history and literature*, London/New York: Verso 2013.

Mossière, Géraldine: »Sharing in ritual effervescence: emotions and empathy in fieldwork«, in: *Anthropology Matters Journal* 9:1 (2007), siehe https://anthropologymatters.com/index.php/anth_matters/article/view/59/113.

Nadig, Maya: »Transculturality in Process. Theoretical and Methodological Aspects Drawn from Cultural Studies and Psychoanalysis«, in: Hans Jörg Sandkühler/Hong-Bin Lim (Hg.), *Transculturality, Epistemology, Ethics and Politics*, Frankfurt: Lang 2004, S. 9–21.

Nehrlich, Thomas: »Buch-Typografie um 1800 und 2000: Alexander von Humboldt und Jonathan Safran Foer«, in: Arne Scheuermann/Francesca Vidal (Hg.), *Handbuch Medienrhetorik*, Berlin: de Gruyter 2016, S. 257–289.

Nehrlich, Thomas: *»Es hat mehr Sinn und Deutung, als du glaubst.« Zu Funktion und Bedeutung typographischer Textmerkmale in Kleists Prosa*, Hildesheim: Olms 2012.

Nehrlich, Thomas/Kilchör, Fabienne: »Interpunktion und Textanfänge. Stilmerkmale von Kleists Prosa in der Datenvisualisierung«, in: *Gedankenstriche – Ein Journal des Kleist-Museums* 3 (2013/2014), S. 12–39.

NGAT IS DEAD: STUDYING MORTUARY TRADITIONS (Dokumentarfilm, GB 2007, R: Christian Suhr Nielsen, Steffen Dalsgaard und Ton Otto).

ON CHOOSING AN APPROPRIATE DISTANCE (Dokumentarfilm, D 2015, R: Emanuel Mathias).

ON THE ROAD WITH MARUCH (Dokumentarfilm, D 2008, R: Florian Walter).

Paulus, Christoph: *Der Saarbrücker Persönlichkeitsfragebogen SPF-(IRI) zur Messung von Empathie: Psychometrische Evaluation der deutschen Version des Interpersonal Reactivity Index*, Saarbrücken: Universität des Saarlandes (2009), siehe http://hdl.handle.net/20.-500.11780/3343.

Peter, Nina/Knoop, Christine/Wedemeyer, Catarina von/Lubrich, Oliver: »Sprachbilder der Krise. Metaphern im medialen und politischen Diskurs«, in: Anja Peltzer/Kathrin Lämmle/Andreas Wagenknecht (Hg.), *Krise, Crash und Kommunikation. Die Finanzkrise in den Medien*, Konstanz: UVK 2012, S. 49–69.

Piatti, Barbara: *Die Geographie der Literatur. Schauplätze, Handlungsräume, Raumphantasien*, Göttingen: Wallstein 2008.

Plutchik, Robert: *Theories of emotion* (= *Emotion: Theory, research, and experience,* Bd. 1), New York: Academic Press 1980.

Rabinow, Paul: *Reflections on Fieldwork in Morocco*, Berkeley: University of California Press 1977.

Rappaport, Joanne: »Beyond Participant Observation. Collaborative Ethnography as Theoretical Innovation«, in: *Collaborative Anthropologies* 1 (2008), S. 1–31.

Rosaldo, Renato: *Culture and Truth. The Remaking of Social Analysis*, Boston: Beacon Press 1993.

Röttger-Rössler, Birgitt: *Die kulturelle Modellierung des Gefühls. Ein Beitrag zur Theorie und Methodik ethnologischer Emotionsforschung anhand indonesischer Fallstudien*, Münster: LIT 2004.

Sanjek, Roger: »The Ethnographic Present«, in: *Man* 26:4 (1991), S. 609–628.

Sapolsky, Robert: *A Primate's Memoir. A Neuroscientist's Unconventional Life Among the Baboons*, New York: Simon & Schuster 2001.

Scherer, Klaus: »What are emotions? And how can they be measured?«, in: *Social Science Information* 44:4 (2005), S. 695–729.

Schlehe, Judith/Hidayah, Sita: »Transcultural Ethnography. Reciprocity in Indonesian-German Tandem Research«, in: Mikko Huotari/Jürgen Rüland/Judith Schlehe (Hg.), *Methodology and research practice in Southeast Asian studies*, Basingstoke: Palgrave Macmillan 2014, S. 253–272.

Schrott, Raoul/Jacobs, Arthur: *Gehirn und Gedicht. Wie wir unsere Wirklichkeiten konstruieren*, München: Hanser 2011.

Schwarz, Norbert: »Feelings as Information. Informational and Motivational Functions of Affective States«, in: E. Tory Higgins/Richard M. Sorrentino (Hg.), *Cognition* (= *Handbook of Motivation and Cognition*, Bd. 2), New York: Guilford 1990, S. 527–561.

Shah, Mira: *Affe und Affekt. Die Forschungsmemoiren der Primatologie*, Dissertation, Bern 2018.

Shirer, William L.: *Berlin Diary. The Journal of a Foreign Correspondent, 1934–1941*, New York: Alfred A. Knopf 1941.

Sluka, Jeffrey/Robben, Antonius (Hg.): *Ethnographic Fieldwork. An Anthropological Reader*, Chichester: Wiley-Blackwell 2012.

Sluka, Jeffrey/Robben, Antonius: »Fieldwork in cultural anthropology: An introduction«, in: Robben/Sluka (Hg.), *Ethnographic Fieldwork* (2012), S. 1–45.

Stage, Carsten (Hg.): *Affective Methodologies. Developing Cultural Research Strategies for the Study of Affect*, Basingstoke: Palgrave Macmillan 2015.

Stodulka, Thomas/Selim, Nasima/Mattes, Dominik: »Affective Scholarship. Doing Anthropology with epistemic affects«, in: *Ethos* 46:4 (2018), S. 519 –536.

Stodulka, Thomas: »Emotion work, Ethnography and Survival Strategies on the Streets of Yogyakarta«, in: *Medical Anthropology* 34:1 (2015), S. 84–97.

Stodulka, Thomas: »Feldforschung als Begegnung – Zur pragmatischen Dimension ethnographischer Daten«, in: *Sociologus* 64:2 (2014), S. 179–206.

Stodulka, Thomas: »Towards an integrative anthropology of emotion – a case study from Yogyakarta«, in: Anne Storch (Hg.), *Consensus and Dissent – Negotiating emotion in the public space*, Amsterdam: John Benjamins Press 2017, S. 9–34.

Stodulka, Thomas/Dinkelaker, Samia/Thajib, Ferdiansyah (Hg.): *Affective Dimensions of Fieldwork and Ethnography*, New York: Springer 2019.

Stodulka, Thomas/Thajib, Ferdiansyah/Dinkelaker, Samia: »Fieldwork, Ethnography, and The Empirical Affect Montage«, in: Antje Kahl (Hg.), *Analyzing Affective Societies. Methods and Methodologies*, London: Routledge 2019, S. 279–295.

Stoller, Paul/Olkes, Cheryl: »The Taste of Ethnographic Things«, in: Robben/Sluka (Hg.), *Ethnographic Fieldwork* (2012), S. 465–479.

Strobl, Michael: »Writings of History. Authenticity and Self-Censorship in William L. Shirer's *Berlin Diary*«, in: *German Life and Letters* 66:3 (2013), S. 308–325.

Tedlock, Dennis/Mannheim, Bruce (Hg.): *The Dialogic Emergence of Culture*, Urbana: University of Illinois Press 1995.

Till, Dietmar: »Rhetorik des Affekts (Pathos)«, in: Ulla Fix/Andreas Gardt/Joachim Knape (Hg.), *Rhetorik und Stilistik. Ein internationales Handbuch historischer und systematischer Forschung*, Berlin: de Gruyter 2008, S. 646–669.

Tomkins, Silvan: »Affect Theory«, in: Klaus R. Scherer/Paul Ekman (Hg.), *Approaches to Emotion*, Hillsdale: Lawrence Erlbaum 1984, S. 163–195.

Ueding, Gert (Hg.): *Historisches Wörterbuch der Rhetorik*, 10 Bände, Tübingen: Niemeyer 1992–2012.

Võ, Melissa L.-H. et al.: »The Berlin Affective Word List Reloaded (BAWL-R)«, in: *Behavior Research Methods* 41:2 (2009), S. 534–538.

Warburg, Aby: »Dürer und die italienische Antike« [1905], in: Bibliothek Warburg (Hg.), *Gesammelte Schriften*, Leipzig/Berlin: B. G. Teubner 1932, S. 443–449.

Warnke, Ingo H.: »Deutsche Sprache und Kolonialismus. Umrisse eines Forschungsfeldes«, in: ders. (Hg.), *Deutsche Sprache und Kolonialismus. Aspekte der nationalen Kommunikation 1884–1919*, Berlin: de Gruyter 2009, S. 3–62.

Watson, Davis/Clark, Lee Anna/Tellegen, Auke: »Development and validation of brief measures of positive and negative affect: The PANAS Scales«, in: *Journal of Personality and Social Psychology* 54 (1988), S. 1063–1070.

Watt-Smith, Tiffany: *The Book of Human Emotions. An Encyclopaedia of Feeling from Anger to Wanderlust*, London: Profile Books 2015.

Wehde, Susanne: *Typographische Kultur. Eine zeichentheoretische und kulturgeschichtliche Studie zur Typographie und ihrer Entwicklung*, Berlin: de Gruyter 2000.

White, Hayden: *The Content of the Form. Narrative Discourse and Historical Representation*, Baltimore/London: Johns Hopkins University Press 1990 [1987].

Wikan, Unni: »Beyond the Words. The Power of Resonance«, in: *American Ethnologist* 19:3 (1992), S. 460–482.

Willerslev, Rane/Suhr, Christian: »Montage as an Amplifier of Invisibility«, in: dies. (Hg.), *Transcultural Montage*, New York: Berghahn Books 2013, S. 1–15.

Winko, Simone: *Kodierte Gefühle. Zu einer Poetik der Emotionen in lyrischen und poetologischen Texten um 1900*, Berlin: Erich Schmidt 2003.

Woods, Vanessa: *Bonobo Handshake. A Memoir of Love and Adventure in the Congo*, New York: Gotham Books 2011.

Woolf, Virginia: *Diary*, 9.–12. Mai 1935, Virginia Woolf-Nachlass in der Henry W. and Albert A. Berg Collection of English and American Literature der New York Public Library.

Woolf, Virginia: *The Diary of Virginia Woolf. Volume Four: 1931–1935*, herausgegeben von Anne Olivier Bell mit Andrew McNeillie, San Diego: Harcourt Brace & Company 1982.

Wrangham, Richard/Peterson, Dale: *Demonic Males. Apes and the Origins of Human Violence*, New York: Houghton Mifflin 1996.

Wundt, Wilhelm: *Grundzüge der physiologischen Psychologie*, Leipzig: Engelmann 1874.

Abbildungsverzeichnis

Anmerkungen

1 Georg Forster: *A Voyage round the World*, 2 Bände, London: B. White/J. Robson/P. Elmsley/G. Robinson 1777, Band 1, S. xii–xiii.

2 James Davies: »Introduction«, in: James Davies/Dimitrina Spencer (Hg.), *Emotions in the Field*, Stanford: Stanford University Press 2010, S. 1–34, hier: S. 1.

Einleitung

1 Wir verstehen »Affekte«, »Gefühle« und »Emotionen« als Kontinuum zwischen physio-psychischen Reaktionen (»Affekt«), die dimensional zu beschreiben sind (Valenz, *arousal*), ihrer kognitiven Wahrnehmung (»Gefühl«) und sprachlich, mimisch, gestisch vermittelbaren sozialen, kulturellen und physiologischen Prozessen und Zuständen (»Emotionen«), die sich mit »Emotionswörtern« benennen lassen. (Vgl. Thomas Stodulka: »Towards an integrative anthropology of emotion – a case study from Yogyakarta«, in: Anne Storch (Hg.), *Consensus and Dissent – Negotiating emotion in the public space*, Amsterdam: John Benjamins Press 2017, S. 9–34; Birgitt Röttger-Rössler/Jan Slaby (Hg.): *Affect in Relation: Families, Places, Technologies* (Routledge Studies in Affective Societies), London: Routledge 2018.)

2 Zur Geschichte der Objektivität und zur Verdrängung der Affekte aus der Forschung vgl. Lorraine Daston/Peter Galiston: *Objectivity*, New York: Zone Books 2007; zur Geschichte der Emotionen im Feld vgl. Oliver Lubrich/ Thomas Stodulka/ Katja Liebal: »Affekte im Feld – Ein blinder Fleck der Forschung?«, in: *Interdisziplinäre Anthropologie* 5 (2018), S.179–197; zu Forderungen nach emotionaler Reflexivität in der Feldforschung siehe Anne Monchamp: »Encountering emotions in the field: an X marks the spot«, in: *Anthropology Matters Journal* 9:1 (2007), siehe https://anthropologymatters.com/index.php/anth_matters/article/. view/57/109, oder Géraldine Mossière: »Sharing in ritual effervescence: emotions and empathy in fieldwork«, in: *Anthropology Matters Journal* 9:1 (2007), siehe https://anthropologymatterS. com/index.php/anth_matters/article/view/59/113

3 Ein weiteres Paradigma wäre das Labor. Zur sozialkonstruktivistischen Kritik der Laborsituation vgl. Bruno Latour/Steve Woolgar: *Laboratory Life. The Construction of Scientific Facts*, Beverly Hills: Sage 1979. Zur Rolle von Emotionen in philosophischer Epistemologie vgl. Georg Brun/Ulvi Doğuoğlu/Dominique Kuenzle: *Epistemology and Emotions*, Aldershot: Ashgate 2008.

4 Die geschlechtliche Dimension der Feldforschungserfahrung ist unbedingt zu berücksichtigen. Um indes den Focus auf die Sache selbst zu legen und die Lektüre des Textes nicht zu erschweren, werden alle Geschlechter stets mitgedacht und sprachliche *gender marker* bewusst und dosiert eingesetzt.

5 Antje Kahl gibt in ihrem Sammelband *Analyzing Affective Societies: Methods and Methodologies*, London: Routledge 2019, der im SFB 1171 Affective Societies entstanden ist, einen Überblick über methodische Zugänge zur Analyse von Affekten und Emotionen.

6 *Die Affekte der Forscher*, interdisziplinäres Projekt, geleitet von Katja Liebal (Primatologie), Thomas Stodulka (Sozial- und Kulturanthropologie) & Oliver Lubrich (Literaturwissenschaft), gefördert von der Volkswagen Stiftung, Berlin/Bern/Yogyakarta

2013–2018. Mitarbeiter: Julia Keil (Primatologie), Samia Dinkelaker, Ferdi Thajib (Sozial- und Kulturanthropologie), Mira Shah, Fermin Suter, Jörg Lehmann (Literaturwissenschaft). Vgl. Isabel Fannrich/Christian Jung: »Mit dem Herzen bei der Sache«, in: *Impulse* 2 (2015), S. 22–35.

7 Vgl. Paul Ekman: »Basic Emotions«, in: Tim Dalgleish/Mick Power (Hg.), *Handbook of Cognition and Emotion*, Sussex: John Wiley & Sons 1999, S. 45–60; Robert Plutchik: *Theories of emotion* (= *Emotion: Theory, research, and experience,* Bd. 1), New York: Academic Press 1980; Silvan Tomkins: »Affect Theory«, in: Klaus R. Scherer/Paul Ekman (Hg.), *Approaches to Emotion*, Hillsdale: Lawrence Erlbaum 1984, S. 163–195.

8 Vgl. Klaus Scherer: »What are emotions? And how can they be measured?«, in: *Social Science Information* 44:4 (2005), S. 695–729.

9 Vgl. Wilhelm Wundt: *Grundzüge der physiologischen Psychologie*, Leipzig: Engelmann 1874.

10 Zum epistemischen Potenzial von Emotionen als relationalen Dimensionen der Erfahrung und Erkenntnis siehe Thomas Stodulka: »Feldforschung als Begegnung – Zur pragmatischen Dimension ethnographischer Daten«, in: *Sociologus* 64:2 (2014), S. 179–206; ders.: »Towards an Integrative Anthropology of Emotion«, S. 9–34; ders./Samia Dinkelaker/Ferdiansyah Thajib (Hg.): *Affective Dimensions of Fieldwork and Ethnography*, New York: Springer 2019.

ERSTER TEIL: EMOTIONEN IM FELD

1 Ruth Behar: *The Vulnerable Observer. Anthropology that Breaks Your Heart*, Boston: Beacon Press 1996; James Clifford/George E. Marcus (Hg.): *Writing Culture: The Poetics and Politics of Ethnography*, Berkeley: University of California Press 1986; Vincent Crapanzano: *Tuhami. Portrait of a Moroccan*, Chicago: Chi-

cago University Press 1980; Paul Rabinow: *Reflections on Fieldwork in Morocco*, Berkeley: University of California Press 1977.

2 Vincent Crapanzano: »›At the heart of the discipline‹: Critical Reflections on Fieldwork«, in: J. Davies/D. Spencer (Hg.), *Emotions in the Field* (2010), S. 55–78; Michael Jackson: *Paths toward a Clearing. Radical Empiricism and Ethnographic Inquiry*, Bloomington: Indiana University Press 1989; ders./Albert Piette: »Introduction. Anthropology and the Existential Turn«, in: dieS. (Hg.), *What Is Existential Anthropology?*, New York: Berghahn Books 2015, S. 1–29.

3 Michael Agar: *Professional stranger. An informal introduction to ethnography*, New York: Academic Press 1996.

1 Experten-Gespräche

1 Katja Liebal/Oliver Lubrich/Thomas Stodulka: *Emotionen im Feld. Gespräche zur Ethnographie, Primatographie und Reiseliteratur*, Bielefeld: transcript 2018.

2 Fragebögen

1 Wir definieren das ›Feld‹ als einen relationalen psychischen Prozess zwischen den Forschern und ihrem Untersuchungsgegenstand in der ›Fremde‹, der im Rahmen zunehmend multilokaler Forschung multipel (*multi-sited*) sein kann, und nicht als bestimmte geographische Einheit. Unsere Analysen weisen darauf hin, dass die Gemeinsamkeit von Fremderfahrung und Leistungsdruck weitaus prägender ist als die ›kulturellen Besonderheiten‹ des Forschungsortes.

2 Paul T. Costa/Robert R. McCrae: *Revised NEO Personality Inventory (NEO-PIR) and NEO Five Factor Inventory (NEO-FFI) professional manual*, Odessa, FL: Psychological Assessment Resources 1992.

3 Jeffrey Sluka/Antonius Robben: »Fieldwork in cultural anthropology: An introduction«, in: Robben/Sluka (Hg.), *Ethnographic Fieldwork* (2012), S. 1–45.

4 Christoph Paulus: *Der Saarbrücker Persönlichkeitsfragebogen SPF(IRI) zur Messung von Empathie: Psychometrische Evaluation der deutschen Version des Interpersonal Reactivity Index*, Saarbrücken: Universität des Saarlandes 2009, siehe http://hdl.handle.net/20.500.11780/3343.

5 Mark H. Davis: »Measuring individual differences in empathy. Evidence for a multidimensional approach«, in: *Journal of Personality and Social Psychology* 44 (1983), S. 1114–1126.

6 Clifford Geertz: »›From the native's point of view‹. On the nature of anthropological understanding«, in: ders., *Local knowledge: Further essays in interpretive anthropology*, New York: Basic Books 1983, S. 55–72.

7 Douglas Hollan: »Being There: On the Imaginative Aspects of Understanding Others and Being Understood«, in: *Ethos* 36:4 (2008), S. 475–489; Wolf-Andreas Liebert: »Kulturbedeutung, Differenz, Katharsis: Kulturwissenschaftliches Forschen und Schreiben als zyklischer Prozess«, in: Friedemann Vogel/Janine Luth/Stefaniya Ptashnyk (Hg.), *Linguistische Zugänge zu Konflikten in europäischen Sprachräumen: Korpus – Pragmatik – kontrovers*, Heidelberg: Universitätsverlag 2016, S. 21–41; Unni Wikan: »Beyond the WordS. The Power of Resonance«, in: *American Ethnologist* 19:3 (1992), S. 460–482.

8 Davis Watson/Lee Anna Clark/Auke Tellegen: »Development and validation of brief measures of positive and negative affect: The PANAS Scales«, in: *Journal of Personality and Social Psychology* 54 (1988), S. 1063–1070.

9 Siehe Joseph Henrich/Steven Heine/Ara Norenzayan: »The Weirdest People in the World«, in: *Behavioral and Brain Sciences* 33:2/3 (2010), S. 1–75; zur überzeugenden ethnozentristischen und methodologischen Kritik an experimentalpsychologischen und quantitativ-statistischen Datenerhebungsverfahren.

3 Wörter Sortieren und Wortlisten

1 Birgitt Röttger-Rössler: *Die kulturelle Modellierung des GefühlS. Ein Beitrag zur Theorie und Methodik ethnologischer Emotionsforschung anhand indonesischer Fallstudien*, Münster: LIT 2004.

4 Emotionstagebuch

1 Während die psychologische und affektiv-epistemische Dimension eines Tagebuchs bisher keinen Eingang in Methodendiskussionen (Martyn Hammersley/Paul Atkinson: *Ethnography. Principles in Practice*, London: Routledge 2007; Roger Sanjek: »The Ethnographic Present«, in: *Man* 26:4 (1991), S. 609–628) fand, wird der logistisch-organisatorische Aspekt der Feldforschung, ohne dass dabei Affekte oder Emotionen Erwähnung fänden, von Russel Bernard (*Research Methods in Anthropology: Qualitative and Quantitative Approaches*, Lanham: Altamira Press 2006) mit dem Begriff *log* (Protokoll) beschrieben.

2 Der folgende Auszug aus einem Emotionstagebuch ist, um seine sehr persönlichen Inhalte zu verfremden, absichtlich gespiegelt abgedruckt.

5 Feld-Interviews

1 Ruth Behar/Deborah A. Gordon (Hg.): *Women Writing Culture*, Berkeley: University of California Press 1995; J. Clifford/G. Marcus: *Writing Culture*; George E. Marcus/ Michael M. J. Fischer: *Anthropology as Cultural Critique. An Experimental Moment in the Human Sciences*, Chicago: University of Chicago Press 1986.

6 Empirische Affektmontage

1 Dieser Auszug aus einem Emotionstagebuch ist, um seine sehr persönlichen Inhalte zu verfremden, absichtlich gespiegelt abgedruckt.

2 Birgitt Röttger-Rössler/Jan Slaby (Hg.): *Affect in Relation: Families, Places, Technologies* (Routledge Studies in Affective Societies), London: Routledge 2018. Thomas Stodulka: »Towards an integrative anthropology of emotion – a case study from Yogyakarta«, in: A. Storch (Hg.), *Consensus and Dissent: Negotiating emotion in the public space*, Amsterdam: John Benjamins 2017, S. 9–34. Norbert Schwarz: »Feelings as Information. Informational and Motivational Functions of Affective States«, in: E. Tory Higgins/Richard M. Sorrentino (Hg.), *Cognition* (= *Handbook of Motivation and Cognition*, Bd. 2), New York: Guilford 1990, S. 527–561.

3 O. Lubrich/K. Liebal/T. Stodulka: »Affekte im Feld«.

4 Als einer der ersten Bronislaw Malinowski: *Argonauts of the Western Pacific. An account of native enterprise and adventure in the Archipelagoes of Melanesian New Guinea*, London: George Routledge & Sons/New York: E. P. Dutton & Co. 1932 [1922], S. 1–25.

5 Renato Rosaldo: *Culture and Truth. The Remaking of Social Analysis*, Boston: Beacon Press 1993; Eric Gable: »The Anthropology of Guilt and Rapport. Moral Mutuality in Ethnographic Fieldwork«, in: *HAU – Journal of Ethnographic Theory* 4:1 (2014), S. 237–258; Kenneth J. Gergen/Mary Gergen: »Ethnography as Relationship«, in: Art Bochner/Carolyn Ellis (Hg.), *Ethnographically Speaking. Autoethnography, Literature, and Aesthetics*, Walnut Creek: Alta Mira Press 2002, S. 11–33; Kristen Ghodsee: *From Notes to Narrative. Writing Ethnographies that Everyone Can Read*, Chicago/London: University of Chicago Press 2016; Donna Haraway: »Situated KnowledgeS. The Science

Question in Feminism and the Privilege of Partial Perspective«, in: *Feminist Studies* 14:3 (1988), S. 575–599.

6 Rane Willerslev/Christian Suhr: »Montage as an Amplifier of Invisibility«, in: dieS. (Hg.), *Transcultural Montage*, New York: Berghahn Books 2013, S. 1–15.

7 T. Stodulka/S. Dinkelaker/F. Thajib (Hg.): *Affective Dimensions of Fieldwork and Ethnography*.

8 James Davies/Thomas Stodulka: »Emotions in the Field«, in: Paul Atkinson et al. (Hg.), *The SAGE Enyclopaedia of Social Research Methods*, Thousand Oaks: Sage 2019, im Erscheinen; Thomas Stodulka/Ferdiansyah Thajib/Samia Dinkelaker: »Fieldwork, Ethnography, and The Empirical Affect Montage«, in: Antje Kahl (Hg.), *Analyzing Affective SocietieS. Methods and Methodologies*, London: Routledge 2019, S. 279–295; Thomas Stodulka: »Emotion work, Ethnography and Survival Strategies on the Streets of Yogyakarta«, in: *Medical Anthropology* 34:1 (2015), S. 84–97; ders.: »Feldforschung als Begegnung«, S. 179–206.

7 Ethnolab

1 Ethnolab – Ethnography as Affective Research: http://ethnolab.kunci.or.id.

2 Siehe Joanne Rappaport: »Beyond Participant Observation. Collaborative Ethnography as Theoretical Innovation«, in: *Collaborative Anthropologies* 1 (2008), S. 1–31; Judith Schlehe/Sita Hidayah: »Transcultural Ethnography. Reciprocity in Indonesian-German Tandem Research«, in: Mikko Huotari/Jürgen Rüland/Judith Schlehe (Hg.), *Methodology and research practice in Southeast Asian studies*, Basingstoke: Palgrave Macmillan 2014, S. 253–272.

8 Künstlerische Intervention und Kollaboration

1 *ON CHOOSING AN APPROPRIATE DISTANCE* (Dokumentarfilm, D 2015, R: Emanuel Mathias); Pre-Screening u. a. im Kunci Cultural Studies Center, Yogyakarta, 2015; Ausstellung u. a. in der Galerija Miroslav Kraljević, Zagreb, 2016; Präsentation u. a. im Rahmen des Ethnofilmfestes im Rubinj Heritage Museum, Rovinj (Kroatien), 2016.

2 Franz Breuer : *Reflexive Grounded Theory. Eine Einführung für die Forschungspraxis*, Wiesbaden: Springer VS 2010; Barney G. Glaser/Anselm L. Strauss: *The discovery of grounded theory. Strategies for qualitative research*, Chicago: Aldine 1967.

3 Jochen Bonz et al. (Hg.): *Ethnografie und Deutung. Gruppensupervision als Methode reflexiven Forschens*, Wiesbaden: Springer VS 2017; Maya Nadig: »Transculturality in ProcesS. Theoretical and Methodological Aspects Drawn from Cultural Studies and Psychoanalysis«, in: Hans Jörg Sandkühler/Hong-Bin Lim (Hg.), *Transculturality, Epistemology, Ethics and Politics*, Frankfurt: Lang 2004, S. 9–21.

ZWEITER TEIL: EMOTIONEN IM TEXT

1 Vgl. Simone Winko: *Kodierte Gefühle. Zu einer Poetik der Emotionen in lyrischen und poetologischen Texten um 1900*, Berlin: Erich Schmidt 2003 (mit einem ausführlichen theoretischen Teil zu Emotionen in Texten).

2 Vgl. Martin von Koppenfels/Cornelia Zumbusch (Hg.): *Handbuch Literatur & Emotionen*, Berlin: de Gruyter 2016.

3 Franco Moretti: *Distant Reading*, London/New York: Verso 2013.

4 Ders.: *The Bourgeois*, London/New York: Verso 2013.

5 Ders.: *Graphs, Maps, TreeS. Abstract Models for a Literary History*, London/New York: Verso 2005.

1 Psyche und Physis

1 Stephen Greenblatt: »Filthy Rites«, in: ders., *Learning to Curse. Essays in Early Modern Culture*, New York: Routledge 1992, S. 59–79.

2 Oliver Lubrich: »Dolores, enfermedades y metáforas poéticas del cuerpo en Alejandro de Humboldt«, in: *Revista de Indias* 64:231 (2004), S. 503–527.

3 Bronislaw Malinowski: *A Diary in the Strict Sense of the Term*, übersetzt von Norbert Guterman, Stanford: Stanford University Press 1989.

4 Meinrad Inglin: »Mißglückte Reise durch Deutschland«, in: *Schweizer Monatshefte* 43:3 (1963), S. 246–261; Oliver Lubrich: »Pneumo-Prosa. Nationalsozialismus als helvetische Krankheit«, in: Christian von Zimmermann/Daniel Annen (Hg.), *»Kurz nach Mittag aber lag der See noch glatt und friedlich da«. Neue Studien zu Meinrad Inglin*, Zürich: Chronos 2013, S. 175–196.

5 Virginia Woolf: *The Diary of Virginia Woolf. Volume Four: 1931–1935*, herausgegeben von Anne Olivier Bell mit Andrew McNeillie, San Diego: Harcourt Brace & Company 1982, S. 310–312 (Einträge vom 9. und 12. Mai 1935); Oliver Lubrich: »Faschismus im Selbstversuch. Rhetorik und Psychologie bei Virginia Woolf«, in: *Orbis Litterarum* 65:3 (2010), S. 222–253.

2 Sinne

1 Paul Stoller/Cheryl Olkes: »The Taste of Ethnographic Things«, in: Robben/Sluka (Hg.), *Ethnographic Fieldwork* (2012), S. 465–479.

2 Alexander von Humboldt: »Das nächtliche Thierleben im Urwalde« (1849), in: ders., *Ansichten der Natur mit wissenschaftlichen Erläuterungen*, Frankfurt: Die Andere Bibliothek 2004, S. 214–234.

3 Medien

1 Oliver Lubrich: »Vom Guckkasten zum Erlebnisraum. Alexander von Humboldt und die Medien des Reisens«, in: *figurationen* 9:2 (2007), S. 47–66.

2 *NGAT IS DEAD: STUDYING MORTUARY TRADITIONS* (Dokumentarfilm, GB 2007, R: Christian Suhr Nielsen, Steffen Dalsgaard und Ton Otto); *ON THE ROAD WITH MARUCH* (Dokumentarfilm, D 2008, R: Florian Walter).

4 Genres

1 Vgl. Burkhard Meyer-Sickendiek: *Affektpoetik: Eine Kulturgeschichte literarischer Emotionen*, Würzburg: Königshausen & Neumann 2005.

2 Vgl. Hayden White: *The Content of the Form. Narrative Discourse and Historical Representation*, Baltimore/London: Johns Hopkins University Press 1990 [1987].

3 Martha Dodd: *My Years in Germany*, London: Victor Gollancz 1939; Oliver Lubrich: »Formen historischer Erfahrung. Die Metamorphosen der Martha Dodd«, in: *Oxford German Studies* 34:1 (2005), S. 79–102.

4 William L. Shirer: *Berlin Diary. The Journal of a Foreign Correspondent, 1934–1941*, New York: Alfred A. Knopf 1941, hier: S. 202–203; Michael Strobl: »Writings of History. Authenticity and Self-Censorship in William L. Shirer's *Berlin Diary*«, in: *German Life and Letters* 66:3 (2013), S. 308–325.

5 Räume

1 Doris Bachmann-Medick: *Cultural TurnS. Neuorientierungen in den Kulturwissenschaften*, Reinbek: Rowohlt 2014, S. 285–329.

2 Barbara Piatti: *Die Geographie der Literatur. Schauplätze, Handlungsräume, Raumphantasien*, Göttingen: Wallstein 2008.

3 Franco Moretti: *Atlas of the European Novel, 1800–1900*, London/New York: Verso 1998.

4 Ebd., S. 53–56.

5 Michel Foucault: »Des espaces autres« [1967], in: *Architecture, Mouvement, Continuité* 5 (1984), S. 46–49.

6 Marc Augé: *Non-lieux. Introduction à une anthropologie de la surmodernité*, Paris: Seuils 1992.

7 Jurij Lotman: *Die Struktur literarischer Texte*, übersetzt von Rolf-Dietrich Keil, München: Wilhelm Fink 1972; vgl. Matías Martínez/Michael Scheffel: *Einführung in die Erzähltheorie*, München: Beck 2009 [1999], S. 156–160.

8 Siehe Mark-Anthony Falzon: *Multi-sited Ethnography. Theory, Praxis and Locality in Contemporary Research*, London: Ashgate 2009; Ulf Hannerz: »Being there... and there... and there! – Reflections on Multi-Site Ethnography«, in: *Ethnography* 4:2 (2003), S. 201–216; George E. Marcus: »Ethnography in/of the World System. The Emergence of Multi-Sited Ethnography«, in: *Annual Review of Anthropology* 24:1 (1995), S. 95–117.

9 Bruno Manser: *Tagebücher aus dem Regenwald. 1984–1990*, Basel: Christoph Merian 2004, hier: Tagebuch 11, S. 114.

6 Dramaturgie

1 Aristoteles: *Poetik*, griechisch/deutsch, übersetzt und herausgegeben von Manfred Fuhrmann, Stuttgart: Reclam 1982.

2 Oliver Lubrich: »Gegenläufige Affektsteuerung und paradoxaler Antisemitismus«, in: Sabine Schülting/Zeno Ackermann (Hg.), *Shylock nach dem Holocaust: Zur Geschichte einer deutschen Erinnerungsfigur,* Tübingen: Max Niemeyer 2011, S. 171–188, hier: S. 183.

3 Oliver Lubrich: »Figuralität und Persuasion. Barack Obamas Redekunst als Gegenstand interdisziplinärer und experimenteller Forschung«, in: *Paragrana* 20:2 (2011), S. 248–265.

4 Thomas Anz: »Kulturtechniken der Emotionalisierung. Beobachtungen, Reflexionen und Vorschläge zur literaturwissenschaftlichen Gefühlsforschung«, in: Karl Eibl/Katja Mellmann/Rüdiger Zymner (Hg.), *Im Rücken der Kulturen*, Paderborn: mentis 2007, S. 209–239.

5 Vgl. David S. Miall: »Beyond the Schema Given. Affective Comprehension of Literary Narratives«, in: *Cognition and Emotion* 3 (1989), S. 55–78; die Kognitionspsychologie spricht von »kognitiven Schemata«; vgl. z. B. David Fishelov: »The Structure of Generic Categories: Some Cognitive Aspects«, in: *Journal of Literary Semantics* 24:2 (1995), S. 117–126.

6 Vgl. Mira Shah: *Affe und Affekt. Die Forschungsmemoiren der Primatologie*, Dissertation, Bern 2018.

7 Erzählverfahren

1 Für die Reiseliteratur und die Primatographie vgl. z. B. Alexander von Humboldt: *Relation historique du Voyage aux régions équinoxiales du Nouveau Continent*, 3 Bände, Paris: F. Schoell 1814[–1817], N. Maze 1819[–1821], J. Smith et Gide Fils 1825[–1831], Band 3, S. 42; Dian Fossey: *Gorillas in the Mist*, London: Phoenix 2001 [1983], S. 190, 196, 238.

2 Oliver Lubrich: *Das Schwinden der Differenz. Postkoloniale Poetiken*, Bielefeld: Aisthesis 2009, S. 47–98.

3 Dennis Tedlock/Bruce Mannheim (Hg.): *The Dialogic Emergence of Culture*, Urbana: University of Illinois Press 1995.

8 Rhetorik

1 Aby Warburg: »Dürer und die italienische Antike« [1905], in: Bibliothek Warburg (Hg.), *Gesammelte Schriften*, Leipzig/Berlin: B. G. Teubner 1932, S. 443–449.

2 Heinrich Lausberg: *Elemente der literarischen Rhetorik*, München: Franz Steiner 1971, Tropen: S. 281–307 (§§ 552–598); Fi-

guren: S. 308–455 (§§ 600–910), hier: »Affektische Figuren« (*exclamatio, evidentia, sermocinatio, fictio personae, expolitio*), S. 399–414 (§§ 808–851).

3 Gert Ueding (Hg.): *Historisches Wörterbuch der Rhetorik*, 10 Bände, Tübingen: Niemeyer 1992–2012.

4 Vgl. Dietmar Till: »Rhetorik des Affekts (Pathos)«, in: Ulla Fix/Andreas Gardt/Joachim Knape (Hg.), *Rhetorik und Stilistik. Ein internationales Handbuch historischer und systematischer Forschung*, Berlin: de Gruyter 2008, S. 646–669.

5 Vgl. O. Lubrich: »Figuralität und Persuasion«.

9 Sprachbilder

1 Aristoteles bestimmte die Metapher (*metaphorá*) als Trope der Übertragung (*epiphorá*); Aristoteles: *Poetik*, § 21; Aristoteles, *Rhetorik*, Stuttgart: Reclam 1999, Buch III, § 2.6–12, 3.4–4.4, 10.2–7, 11.1–15.

2 George Lakoff/Mark Johnson: *Metaphors We Live By*, Chicago: University of Chicago Press 1980.

3 Hans Blumenberg: *Paradigmen zu einer Metaphorologie*, Frankfurt: Suhrkamp 1996 [1960].

4 Aristoteles: *Rhetorik*, III.2.6–12, III.3.4–4.1–4, III.10.2–7, III.11.1–15.

5 Daniela Kirschstein: *Writing War. Kriegsliteratur als Ethnographie*, Würzburg: Königshausen & Neumann 2012.

6 Ernst Jünger: *In Stahlgewittern. Aus dem Tagebuch eines Stoßtruppführers*, Hannover: Eigenverlag 1920; Oliver Lubrich: »Sprachbilder des KriegeS. Zur ersten Fassung von Ernst Jüngers *In Stahlgewittern*«, in: *Pandaemonium Germanicum* 16:2 (2010), S. 53–88.

7 Ders.: »War Imagery: On the First Edition of Ernst Jünger's *Storm of Steel*«, in: Tom Burns et al. (Hg.), *War and Literature. Looking Back on 20th Century Armed Conflicts*, Stuttgart: ibidem 2014, S. 53–81, hier: S. 68–69.

8 Nina Peter/ Christine Knoop/ Catarina von Wedemeyer/Oliver Lubrich: »Sprachbilder der Krise. Metaphern im medialen und politischen Diskurs«, in: Anja Peltzer/Kathrin Lämmle/Andreas Wagenknecht (Hg.), *Krise, Crash und Kommunikation. Die Finanzkrise in den Medien*, Konstanz: UVK 2012, S. 49–69.

10 Affektvokabular

1 Tiffany Watt-Smith: *The Book of Human EmotionS. An Encyclopaedia of Feeling from Anger to Wanderlust*, London: Profile Books 2015.

2 Michael Hölzer/Nicola Scheytt/Horst Kächele: »Das ›Affektive Diktionär Ulm‹ als eine Methode der quantitativen Vokabularbestimmung«, in: Cornelia Züll/Peter Ph. Mohler (Hg.), *Textanalyse. Anwendungen der computerunterstützten Inhaltsanalyse*, Wiesbaden: VS Verlag für Sozialwissenschaften 1992, S. 131–154.

3 *Geneva Affect Label Coder* (GALC), siehe www.affective-sciences.org/researchmaterial.

4 *General Architecture for Text Engineering* (GATE), siehe https://gate.ac.uk.

5 Vgl. Jörg Lehmann/Moritz Mittelbach/Sven Schmeier: »Quantifizierung von Emotionswörtern in Texten«, in: *DARIAH-DE Working Paper* 24, 2017.

6 Alexander von Humboldt: »Jagd und Kampf der electrischen Aale mit Pferden«, in: *Annalen der Physik* 25:1 (1807), S. 34–43.

7 Analyse nach dem *Affektiven Diktionär Ulm* von Dan Pokorny/Hartwig Dahl/Michael Hölzer: 1_Liebe_1, 2_Begeisterung_2, 3a_Zufriedenheit_3a, 3b_Erleichterung_3b, 4a_Freude_4a, 4b_Stolz_4b, 5_Zorn_5, 6_Furcht_6, 7a_Depressivität_7a, 7b_Scham_7b, 8a_Ängstlichkeit_8a, 8b_Schuld_8b.

8 In Malinowskis posthum publiziertem Tagebuch finden sich allein im ersten Teil (a.a.O., bis S. 99) Dutzende von Emotionswörtern: »abhorrence«, »absorb [me]«, »[feeling] alone«,

»anger«, »annoyed«, »autoerotic«, »aversion«, »bad humor«, »bitterness«, »bond«, »boring«, »curiosity«, »dejection«, »delight«, »demoralized«, »depressed«, »deserted«, »desire«, »disappointed«, »dislike«, »disgust«, »dispirited«, »dissolved«, »[feeling] empty«, »energetically«, »enjoy«, »erotic«, »exaltation«, »exhaustion«, »fear«, »fed up«, »flirt«, »forlorn«, »friendly« / »friendship«, »fun«, »happiness«, »hatred«, »hedonistic«, »homesickness«, »hostile«, »insomnia«, »interesting« / »uninteresting«, »intimidated«, »*joie de vivre*«, »joy«, »*kaput*«, »like«, »loathsome«, »longing«, »love«, »madness«, »marvelous«, »monotony«, »moral collapse«, »nervousness«, »nostalgia«, »overtaxed«, »painful«, »panic«, »phobia«, »pleasure«, »resentment«, »rotten«, »*Schwung*«, »self-reproach«, »suffer«, »thrill«, »*time of my life*«, »tired«, »torpid«, »[feel] uncertain«, »vexed«, »warmth«. – Zu untersuchen ist, wie sich diese private Darstellung von Emotionen zu Malinowskis publizierten Berichten von derselben Feldforschung verhält und welche Bearbeitung oder Zensur der Emotionen dabei ggf. am Werk ist.

11 Wortwerte

1 Melissa L.-H. Võ et al.: »The Berlin Affective Word List Reloaded (BAWL-R)«, in: *Behavior Research Methods* 41:2 (2009), S. 534–538; Arthur Jacobs et al.: »10 years of BAWLing into affective and aesthetic processes in reading: what are the echoes?«, in: *Frontiers in Psychology* 6:714 (2015), S. 1–15.

12 Klangwerte

1 Raoul Schrott/Arthur Jacobs: *Gehirn und Gedicht. Wie wir unsere Wirklichkeiten konstruieren*, München: Hanser 2011, S. 69.

2 Markus Conrad/Sonja Kotz/Oliver Lubrich: Forschungsprojekt »Zur Rolle der Lautphysiognomie in Sprachorganisation, Sprach-

verarbeitung und künstlerischer Sprachproduktion«, Freie Universität Berlin, 2010ff.

3 Arash Aryani/Arthur M. Jacobs/Markus Conrad: »Extracting salient sublexical units from written texts: ›Emophon,‹ a corpus-based approach to phonological iconicity«, in: *Frontiers in Psychology* 4:654 (2013), S. 1–15.

4 Ernst Jandl: »*schtzngrmm*«, in: ders., *Laut und Luise*, Stuttgart: Reclam 1976 [1966], S. 38.

13 Rhythmen

1 Fabienne Kilchör: »Graphic Reading. Text Visualization by Means of Information Design«, in: *10plus1: Living Linguistics* 1 (2015), S. 132–155.

2 Thomas Nehrlich/Fabienne Kilchör: »Interpunktion und Textanfänge. Stilmerkmale von Kleists Prosa in der Datenvisualisierung«, in: *Gedankenstriche – Ein Journal des Kleist-Museums* 3 (2013/2014), S. 12–39.

3 Robert Sapolsky: *A Primate's Memoir. A Neuroscientist's Unconventional Life Among the Baboons*, New York: Simon & Schuster 2001, S. 226–227.

4 Vgl. M. Shah: *Affe und Affekt.*

14 Interpunktion

1 Victor Klemperer: *LTI. Notizbuch eines Philologen*, Berlin: Aufbau 1947, S. 115–117.

2 Vgl. T. Nehrlich/F. Kilchör: »Interpunktion und Textanfänge«.

15 Graphologie

1 Alexander von Humboldt: *Ueber einen Versuch den Gipfel des Chimborazo zu ersteigen*, herausgegeben von Oliver Lubrich/Ottmar Ette, Berlin: Eichborn Berlin 2006; Oliver Lubrich:

»Fascinating VoidS. Alexander von Humboldt and the Myth of Chimborazo«, in: Sean Ireton/Caroline Schaumann (Hg.), *Heights of Reflection: Mountains in the German Imagination from the Middle Ages to the Twenty-First Century*, Rochester: Camden House 2012, S. 153–175.Virginia Woolf: *Diary*, 9.–12. Mai 1935, Virginia Woolf-Nachlass in der Henry W. and Albert A. Berg Collection of English and American Literature der New York Public Library.

2 Virginia Woolf: *Diary*, 9.–12. Mai 1935, Virginia Woolf-Nachlass in der Henry W. and Albert A. Berg Collection of English and American Literature der New York Public Library.

16 Typographie

1 Susanne Wehde: *Typographische Kultur. Eine zeichentheoretische und kulturgeschichtliche Studie zur Typographie und ihrer Entwicklung*, Berlin: de Gruyter 2000.

2 Thomas Nehrlich: »Buch-Typografie um 1800 und 2000: Alexander von Humboldt und Jonathan Safran Foer«, in: Arne Scheuermann/Francesca Vidal (Hg.), *Handbuch Medienrhetorik*, Berlin: de Gruyter 2016, S. 257–289.

3 Siehe den ›Bormann-Erlaß‹ vom 3. Januar 1941; vgl. Peter Bain/Paul Shaw (Hg.): *Blackletter. Type and National Identity*, New York: Princeton Architectural Press 1998.

4 Thomas Nehrlich: *»Es hat mehr Sinn und Deutung, als du glaubst.« Zu Funktion und Bedeutung typographischer Textmerkmale in Kleists Prosa*, Hildesheim: Olms 2012.

17 Paratexte

1 Gérard Genette: *Seuils*, Paris: Éditions du Seuil 1987.

2 Ulrike Altmann et al.: »Fact vs fiction – how paratextual information shapes our reading processes«, in: *Social Cognitive and Affective Neuroscience* 9 (2014), S. 22–29.

3 Vanessa Woods: *Bonobo Handshake. A Memoir of Love and Adventure in the Congo*, New York: Gotham Books 2011.
4 Jane Goodall/Phillip Berman: *Reason for Hope. A Spiritual Journey*, New York/Boston: Grand Central 2000.
5 Richard Wrangham/Dale Peterson: *Demonic MaleS. Apes and the Origins of Human Violence*, New York: Houghton Mifflin 1996.
6 Jörg Lehmann/Katja Liebal/Oliver Lubrich [mit Infographiken von Fabienne Kilchör]: »Diesseits und jenseits von Eden. Paratexte in der Primatographie«, in: *Scientia Poetica* 22:1 (2018), S. 151–179.

18 Corpora

1 Ingo H. Warnke: »Deutsche Sprache und KolonialismuS. Umrisse eines Forschungsfeldes«, in: derS. (Hg.), *Deutsche Sprache und KolonialismuS. Aspekte der nationalen Kommunikation 1884–1919*, Berlin: de Gruyter 2009, S. 3–62.

19 Kollokationen

1 Paul Celan: »Todesfuge«, in: ders., *Die Gedichte*, herausgegeben von Barbara Wiedmann, *Die Gedichte,* Frankfurt: Suhrkamp 2003, S. 40–41.
2 *Das Digitale Wörterbuch der deutschen Sprache*, siehe www.dwds.de
3 R. Schrott/A.: Jacobs, *Gehirn und Gedicht*, S. 170.
4 Das Wort »Affe« und seine Verwendung in unterschiedlichen Gattungen (Quelle: Das Digitale Wörterbuch der deutschen Sprache (DWDS), siehe https://eins.dwds.de/?view=4&qu=Affe).

20 Netzwerke

1 Franco Moretti: »Network Theory, Plot Analysis«, in: *Literary Lab*, Pamphlet 2 (1. Mai 2011), Abbildung 5, S. 4, siehe https://litlab.stanford.edu/pamphlets/.

21 Farben

1 Siehe http://jazparkinson.tumblr.com/post/51564177677/romeo-and-juliet.

22 Die Biologie des Lesens

1 R. Schrott/A. Jacobs: *Gehirn und Gedicht*, S. 66.

Schluss

1 Siehe Carsten Stage (Hg.): *Affective MethodologieS. Developing Cultural Research Strategies for the Study of Affect*, Basingstoke: Palgrave Macmillan 2015, aus kulturwissenschaftlicher Perspektive, oder Helena Flam/Jochen Kleres (Hg.): *Methods of Exploring Emotions*, Abingdon/New York: Routledge 2015, aus soziologischer Sicht, die aber klassischerweise die Affekte und Emotionen von ForscherInnen nicht systematisch einbeziehen, sondern lediglich partikulär berücksichtigen oder als Desiderate in Aussicht stellen.

2 M. Jackson: *Paths toward a Clearing* (1989); J. Davies/D. Spencer (Hg.): *Emotions in the Field* (2010); J. Davies & T. Stodulka: »Emotions in the Field«.

3 Wir beziehen uns hierbei auf ein Statement des Psychologischen Anthropologen und Therapeuten James Davies (University of Roehampton) und des Sozial- und Kulturanthropologen Michael Jackson (Harvard Divinity School) im Anschluss an den Kick-off

Workshop des Projektes »Die Affekte der Forscher« im Juli 2013 an der Freien Universität Berlin.

4 »We lack the language to articulate what takes place when we are in fact at work. There seems to be *a genre missing*« (Clifford Geertz: *After the Fact. Two Countries, Four Decades, One Anthropologist*, Cambridge, Mass.: Harvard University Press 1995, S. 44).

5 Patricia T. Clough/Jean O'Malley Halley: *The Affective Turn. Theorizing the Social*, Durham: Duke University Press 2008.

6 Thomas Stodulka/Nasima Selim/Dominik Mattes: »Affective Scholarship. Doing Anthropology with epistemic affects«, in: *Ethos* 46:4 (2018), S. 519-536; T. Stodulka/S. Dinkelaker/F. Thajib (Hg.): *Affective Dimensions of Fieldwork and Ethnography*; vgl. dies.: »Emotion, Fieldwork, and The Empirical Affect Montage«, S. 279–295; J. Davies/T. Stodulka, »Emotions in the Field«, im Erscheinen; T. Stodulka: »Emotion work, Ethnography and Survival Strategies on the Streets of Yogyakarta«; ders.: »Feldforschung als Begegnung«, S. 179–206.

7 Diese Diagnose basiert auf einem intensiven Austausch mit der Wissenssoziologin Antje Kahl.

8 Hierzu möchten wir auf die Monographie des britischen Strukturfunktionalisten Edward Evans-Pritchard: *Witchcraft, Oracles, and Magic Among the Azande* (Oxford: Clarendon Press 1937) hinweisen, der hinsichtlich seiner Feldforschungsvorbereitungen in Appendix IV schreibt: »I first sought advice from Westermarck. All I got from him was ›don't converse with an informant for more than twenty minutes because if you aren't bored by that time, he will be.‹ Very good advice, if somewhat inadequate. I sought instruction from Haddon, a man foremost in field-research. He told me that it was really all quite simple; one should always behave as a gentleman. Also very good advice. My teacher, Seligman, told me to take ten grams of quinine every night and to keep off the women. The famous Egyptologist, Sir Flinders Petrie, just told me not to bother about drinking dirty water as one

soon became immune to it. Finally, I asked Malinowski and was told not to be a bloody fool.« (Siehe https://savageminds.org/2008/04/29/fieldwork-aphorisms für weitere Feldforschungsaphorismen.) Die Literatur zu Feldforschung und Ethnographie ist in den letzten drei Jahrzehnten zwar exponentiell angewachsen (J. Sluka/A. Robben: »Fieldwork in cultural anthropology. An introduction«), eine systematische und empirisch gestützte Handreichung zu den methodologischen, epistemologischen und psychologischen Dimensionen von Emotionen in der Feldforschung findet sich bisher jedoch nicht.

Kulturwissenschaft

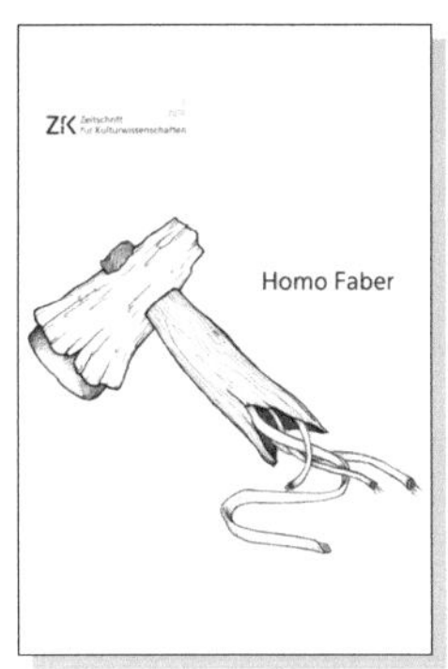

Johannes F.M. Schick, Mario Schmidt, Ulrich van Loyen, Martin Zillinger (Hg.)
Homo Faber
Zeitschrift für Kulturwissenschaften, Heft 2/2018

2018, 224 S., kart.
14,99 € (DE), 978-3-8376-3917-9
E-Book: 14,99 € (DE), ISBN 978-3-8394-3917-3

Thomas Hecken, Moritz Baßler, Robin Curtis, Heinz Drügh, Mascha Jacobs, Nicolas Pethes, Katja Sabisch (Hg.)
POP
Kultur + Kritik (Jg. 7, 2/2018)

2018, 176 S., kart., zahlr. z.T. farb. Abb.
16,80 € (DE), 978-3-8376-4455-5
E-Book: 16,80 € (DE), ISBN 978-3-8394-4455-9

María do Mar Castro Varela, Paul Mecheril (Hg.)
Die Dämonisierung der Anderen
Rassismuskritik der Gegenwart

2016, 208 S., kart.
17,99 € (DE), 978-3-8376-3638-3
E-Book: 15,99 € (DE), ISBN 978-3-8394-3638-7
EPUB: 15,99 € (DE), ISBN 978-3-7328-3638-3

Leseproben, weitere Informationen und Bestellmöglichkeiten finden Sie unter www.transcript-verlag.de